ドラクエに学ぶ チームマネジメント

Team management to learn from draque

沢渡 あまね・著
湊川あい・イラスト

C&R研究所

■ 本書について

- ●ドラゴンクエストおよびドラクエは、株式会社スクウェア・エニックス・ホールディングスの登録商標です。
- ●本書では™、©、®は割愛しています。
- ●本書は著者・編集者が実際に調査した結果を慎重に検討し、著述・編集しています。ただし、本書の記述内容に関わる運用結果にまつわるあらゆる損害・障害につきましては、責任を負いませんのであらかじめご了承ください。
- ●本書の「ものがたり」は、企業や自治体の職場で実際に起こった出来事をもとにして作られたフィクションです。「ものがたり」に登場する団体・人物などの名称はすべて架空のもので、実在の人物・団体とは一切関係ありません。
- ●本書は2016年9月から2017年9月にITpro(現 日経xTECH)にて連載していた『ドラクエが教えてくれたチームマネジメント～最強のパーティーを作る!』を加筆・修正したものです。

プロローグ　課長代理・舞子のチームマネジメントの冒険

「あのさ、何度言わせれば気が済むのよ？　同じようなミスばかりやらかして……やる気あるの？」

並木舞子《なみきまいこ》35歳。

産業機械メーカー・アリア機械 情報システム部の課長代理で、購買システムの運用チームリーダーを務める。

4月の購買システムのリリースに合わせて、発足したばかりのほやほやの組織だ。上司1人と若手の部下2人の総勢4名。皆、性格も趣向もバラバラ。正直、一体感があるとは言い難い。

舞子自身、上司とも部下ともなんだか呼吸が合わず、すれ違いによるいざこざが絶えなかった。加えて、トラブル対応やら、ユーザークレーム対応やらで残業続きの日々。身も心も疲弊していた。そんなイライラもあってか、今日も主任の朝比奈猛《あさひなたける》（アーサー）のミスをついついきつく叱ってしまった。

「さすがに疲れたな。たまには実家に帰ってのんびりしよう」

金曜日の夜10時。舞子は、東京駅の地下ホームに降り、少し混んだ横須賀線のグリーン車のシートに身を沈める。

立ち上げ間もないチームに、来る日も来る日もあたふたピリピリしている舞子。

そんな姿を横目に、誰が言い始めたのか、いつしか「キリキリ舞」なんてニックネームが付いていた。まあ、言わせておけばいいさ。とにかく、今は何を言われようが、突き進むのみ。

「まったく、どいつもこいつも……」

舞子は缶ビールのプルトップを開けた。窓の外に流れる夜の街並みと列車の心地よい揺れが、まどろみを誘う。間もなく、舞子は深い眠りについた。

実家の母はいつもの笑顔で優しく迎えてくれた。

深夜の会話もそこそこに、舞子は2階の自分の部屋にこもる。実家に帰ってやることは決まっている。本棚や押入れを開けて、昔読んだ少女マンガや卒業アルバムなどを読み耽り、過去の思い出に浸るのだ。

実家は、舞子にとって現実逃避しつつ、自分を元気付けるための原点回帰の場所である。

「今日は、もう少し奥を漁ってみようかな」

短パンTシャツ姿の舞子は、身をかがめて押入れの奥に潜り込んだ。すぐに懐かしいものを見つけた。

ドラゴンクエストⅢ

往年の名作と言われたファミコンソフトだ。黒いプラスチックのカートリッジに貼られた赤いラベルは、すっかり色褪せていた。

「うわぁ、懐かしいな。小学生のころ、クラスの友達と夢中になってやったっけ」

5歳年上の兄のお下がりで遊び始めたファミコンゲーム。いつしか、放課後や雨の休日の景色の一部になっていた。カートリッジを、黄ばんだファミコン本体に挿して電源をONにする。久しぶりに見るドット絵の懐かしい景色と蘇る手の感覚。舞子はしばし画面の中の世界に身を浸す。

BREW BEER

勇者「まいこ」は、打倒魔王を志して行方知れずになった父親の使命を負い、世界平和を取り戻すべく冒険の旅に出る。国王から与えられた少ない予算と道具を手に、城下町の酒場で仲間(メンバー)を集め、4人の戦隊(パーティー)を組んで敵の城を目指す。

そうそう、こんなストーリーだったっけ。町の人たちとの会話、フィールドで出会うモンスター、すべてが懐かしい。と、小一時間ばかりプレイして、舞子はあることに気が付いた。

「あれ……これってさ、もしかして職場のチームマネジメントと一緒??」

2次元の世界を見ながら、ひとりつぶやく舞子。

画面の向こうのパーティーに、舞子と部下たちの姿を重ねる。

このお話は、チームリーダー舞子がドラクエの世界と現実の世界を行き来しながら、チームマネジメント能力を成長(レベルアップ)させていくものがたりである。

登場人物紹介

■並木《なみき》 舞子《まいこ》(35歳)

産業機械メーカー・アリア機械 情報システム部の課長代理で、購買システム運用チームのリーダー。上司や3人の部下となんだかかみ合わず、残業続きで身も心も疲弊気味。ある夜、久しぶりに実家に帰り、ファミコンの「ドラクエⅢ」をプレイ。現実の世界と行き来しながらマネジメントをレベルアップさせていく。

■朝比奈《あさひな》 猛《たける》(アーサー)(31歳)

舞子の部下。主任。頑張ってはいるが、仕事が雑。軽い言動やミスが多く舞子をイラつかせている。自己管理が苦手で、寝坊や体調不良の欠席も目立つ。

■別所《べっしょ》 健介《けんすけ》(すけさん)(25歳)

舞子の部下で入社3年目の社員。穏やかな性格で、のんびりしているがたまに鋭い指摘をして周りを驚かせる。年上の奥さんと3歳の娘がいる。

■日野《ひの》 秋菜《あきな》(アキナ)(22歳)

新入社員。マイペースで周りを気にせず、のほほんとしている。指示待ち、他責志向、無駄に頑張りませんの3拍子揃った、いまどきの女の子。

■衣笠《きぬがさ》 秀幸《ひでゆき》(43歳)

舞子の上司で、アリア機械 情報システム部の課長。放任主義で仕事はほぼ舞子に丸投げ。周りにいい顔をするのが得意。それが舞子のストレスの原因に。

CONTENTS

CONTENTS

CONTENTS

第3章 育成

CONTENTS

CONTENTS

第5章 ナレッジマネジメント

第6章 ブランドマネジメント

第1章
チームビルディング

第1話 「王様から与えられたお金とアイテムでなんとかする」～リソース管理

「並木さん。お取り込み中ごめんね。ちょっと、会議室に来てもらってもいいかな?」

月曜日のお昼前。突然の課長の声がけで、舞子は席を立った。

舞子は、今朝も派手に遅刻してきた部下のアーサーに説教をしていた。まだしぼり足りない気もするが、仕方がない。いったん怒りを止めて、課長の後に続いた。背後からアーサーの安堵のため息が聞こえる。

「実はね。購買システム運用チームの残業が突出して多すぎるって問題になっていて……今月から残業を減らしてもらえないかな?」

課長の衣笠《きぬがさ》は、薄くなりはじめた前髪をかき上げる。舞子は一瞬、自分の耳を疑った。

「残業を減らせ? それ……本気で言っています? システムトラブルだらけ、ユーザークレームだらけのこの状況わかっていますよね? いったい、どうしろと!?」

冷静に問いかけているつもりだが、自然に声とジェスチャーが荒くなる。

「まあまあ、気持ちはわかるんだけれどね。もう、部長に残業予算減らしますって約束しちゃったんだよね……なんとかしてよ」

また現場を見ずに勝手な約束を……冗談じゃない。

「秋には新入社員を1人、下につけてあげるから。そうしたら、もう少しラクになるからさ……。頼むよ、キリコ、キリコちゃん」

「私、キリコじゃありません。マイコです！　……失礼します」

まったくメチャクチャだ。バグだらけの購買システムの運用を押し付けられた上に、残業するなだなんて……。新入社員をつける？　新人を手取り足取り教育する暇なんてない。正直、ありがた迷惑だ。いっそ、このポンコツなシステムを作った開発チームのメンバーをよこしてくれたほうがまだマシだ。責任を取らせる意味でも。

部下や外注さんからは「この高負荷状態、いつまで続くんですか？」と詰められているのに……いったいこの状況、どうすれば？

そのとき、舞子の頭をよぎった。この前プレイした、ドラクエの旅立ちのシーンが……。

解説

大切なのはリソースマネジメント

ドラクエは、勇者であるあなたが国王を訪れるところから冒険がスタートする。国王から与えられるのは、お小遣い程度のわずかな軍資金と、貧相な武器・防具。

「魔王を倒してまいれ！」

そんな重責を託される割には、あまりにも貧相なお金とアイテム……。

「こん棒ごときで魔王と戦ってこいって、王様あなた正気ですか!?」

しかし、ここで騒いでも始まらない。とにかく、それを元手に戦うしかないのだ。

このシーン、ビジネス現場のリーダーの悩みとオーバーラップする。

予算も人も設備も使いたい放題。そんな恵まれた職場はレアであろう。多くのリーダーが、お金がない、人も増やせない、残業時間も減らさなくてはならない、システム増強もできない……でも業務量は増える一方。そんな状況で日々、頭を悩ませている。

大切なのは、リソースマネジメントである。

リソースとは、いわゆる「カネ」「モノ」「ヒト」「情報」だ。

限られた予算(カネ)と、限られたアイテム(モノ)と、さらには自分自身とメンバーの現有スキル(ヒト)で、旅先で出会う人々から得た話(情報)などを活用しながら、与えられたミッションをコンプリートする。これがリーダーの役割だ。


その役割を果たすためには、次のような、マネジメントが求められる(これらのポイントは、第2話以降で詳しく説明する)。

- 業務量や効率を定量化する(測定→報告)
- チームの方針や戦略を示し、業務の優先度を判断する
- 業務量をコントロールする
- 業務全体を俯瞰し、効率化する
- 自身とチームメンバーのスキルを把握する
- 情報や知識を積極的に取り入れ、メンバーと共有する

ないものねだりは禁物！

「無理です」とただ上司に盾突いているだけでは、リーダー自身もチームも成長しない。

リーダーは与えられたリソースをやりくりして、ビジネスのゴールを目指すのだ！

<Business Point>

リソースマネジメント

第2話 「まずはあの塔で、鍵を手に入れよう！」
～マイルストーン設定

「チームの残業を減らしてくれ」

課長の衣笠からこんな指示を受けた舞子。だが、本番稼動直後の購買システムはバグだらけ、クレームだらけで、日々てんやわんやの状況である。チームも立ち上がったばかり。まだ信頼関係もできていない。秋には新入社員を補充すると言われたが、即戦力でない新入社員などチームの足手まといにしかならない。舞子は苛立ちを隠せない。

とはいえ、衣笠に文句を言っても暖簾に腕押しだろう。

与えられた人員と労働時間の範囲内で、とにかくなんとかするしかない。

この数カ月のゴタゴタを通じて、購買システムの問題の根本原因が何かぼんやりとは見えつつある。それさえつぶせば――いわば、諸悪の根源の「ラスボス」（＝ラストボスの略）を倒しさえすれば――チームの負荷はぐぐっと下がるはずだ。

そうはいっても、根本原因の特定と対策検討には相当の時間と労力を要する。そのリソースの創出も課題だ。

また、本当にそれが根本原因なのかどうか？　購買システム本来の目的を損なわずに業務を安定化させるには、どんな改修や追加機能、あるいは運用対処が必要なのか？　それを見極めるには、日々、発生する細かなバグや、ユーザークレームなどをある程度、経験しなければなるまい。

目先の敵と戦いながら知見と経験を積み、戦い方の効率を上げて、ラスボスと戦う能力と時間を生み出さなくては。舞子は、この前、実家で久々にプレイしたドラクエⅢを思い出した。

「いきなりラスボスと戦うのは、無理ね……。まずは目先の敵とどう向き合うか？　どうやってチームのレベルを上げていくか」

会議室の扉の前。舞子は顎に手を当てて低く唸った。

解説

マイルストーンを設定する

ドラクエをプレイするとき、いきなり最後の敵（通称：ラスボス）と接見できない。

勇者のあなたはラスボスの存在こそ知っていても、「どこにいるのか？」「そこに到達するにはどんなアイテムや能力が必要なのか？」「どうやったら倒せるのか？」など、未知な状態から旅を始めることになる。

差し当たって、あなたはお城や町の人々から話を聞き、最初に何をすべきかを定めるであろう。

「まず向こうに見えるあの塔で、鍵を手に入れる」

いわばマイルストーンの設定である。

こうして、「まずどこを目指すべきか？」をチームで合意し、一つひとつマイルストーンをクリアしながら最終目標の達成を目指す。これは、チームマネジメントにおいても重要だ。

マイルストーンは、具体的に設定する必要がある。

「メンバーが全員レベル3になったら、あの塔にチャレンジする」

「○○の呪文を覚えたら、あの小ボスに戦いを挑む」

勢いで先を急ごうとすると、強い魔物の攻撃にあって全滅する。時間と労力、そしてお金の無駄だ（ドラクエではパーティーが全滅すると所持金半額没収のペナルティが……）。ドラクエでもビジネスでも、具体的なマイルストーンの設定と現実的な目標管理が大事だ。

マイルストーンや目標を設定する上で、「SMART」のフレームワークが役立つ。

- S……Specific（具体的か？）
- M……Measurable（測定可能か？）
- A……Achievable（達成可能か？）
- R……Relevant/Realistic（適切か？　現実的か？）
- T……Timely（期限が明確か？　タイムリーか？）

ある製造業の情報システム部門では、各チームリーダーに年間のマイルストーンを設定させ、「SMART」で目標を書かせている。これにより、「そのチームはまずどこを目指すか?」「今どんなレベルにあるのか?」がチーム内で明確になり、リーダーとチームメンバー、および部門長との意識統一とコミュニケーションが円滑になったという。

まず目指すべきマイルストーンはどこか? どんな状態になったら目標を達成したといえるのか? 背伸びせず、具体的かつ達成可能な目標設定をしよう。

<Business Point>

マイルストーンの設定、「SMART」のフレームワーク

自席に戻った舞子。

今のトラブルだらけ、クレームだらけのハチャメチャ状態に対して、どこから手を付けるかを考えてみた。このまま同じやり方を続けていても、毎日、目先の対応に追われるばかり。トラブルの原因調査や根本解決の検討時間も取れやしない。

ドラクエにたとえるなら、目の前に現れ続けるスライムをひたすら倒しまくっている状況。これではキリがないし、前に進まない。

「購買システムのログインの仕方がわからない」
「注文変更の仕方がわからない」
「取引先名称を修正してほしい」
「新たに登録した取引先の情報がマスターに反映されていない」
「検収データをエクスポートするにはどうしたらよいか?」

思い返してみると、毎日、同じような問い合わせやクレームが多いことに気付いた。そして、舞子も2人の部下(アーサー、すけさん)も、皆、それぞれのやり方で、毎度毎度、相当な時間を使って対応している。まずは、ここを効率化しなくては。

決めた! 舞子はひざを叩いた。

「繰り返し性のある問い合わせ・クレーム・トラブルの対応時間を3分の1に減らす。目標期限：今月末」

舞子はこの目標を早速、アーサーとすけさんに説明した。

第3話　「あなたは戦士？　僧侶？　それとも……？」～メンバーが何者かを知っているか？

「クレーム・トラブルの対応時間削減」

とりあえずのチーム目標を掲げた舞子。日々の残業時間を減らしつつ、打倒ラスボス（＝相次ぐ購買システムのトラブルの根本原因解決）を目指すためのファーストステップに据えた。舞子はこの目標を、2人の部下（アーサー、すけさん）に説明した。

ところが、事はそううまくは運ばない……。

「ねえ、もう8時過ぎたんだけれど、まだ上がれそうにないの？」

ユーザーからの電話対応であたふたしているアーサー。通話を保留にしたタイミングを見計らい、舞子は突き刺すように問いかけた。

「あ、すぐ終わります！　すぐ終わります！　……ええと、この内容確か前も聞かれて答えたよなぁ。あのときのメモ、どこやったっけ……」

机の周りをがさがさ漁るアーサー。やれやれ、こんな調子では残業削減なんて程遠い。舞子はため息まじりに、天井を仰いだ。

その刹那、アーサーの隣の空席が目に入る。もう1人の部下、すけさんはすでに帰宅していた。

丸っこい顔立ち、性格も丸いすけさん。話し方もスローだが、仕事は丁寧なようでユーザー対応や開発チームへのエスカレーションもスムーズだ。のんびり口調が、相手に安心感を与えているのかもしれない。がさつで相手を不安にさせている誰かさんとは大違いだ。

その誰かさんはといえば、電話向こうの見えない相手にペコペコお辞儀をしている。その場しのぎの適当な回答をしようとして見透かされ、叱られている様子だ。

「もういい。私に代わって！」

しびれを切らした舞子。アーサーの左手から受話器を鷲づかみにした。

「お電話代わりました、購買システム運用チーム リーダーの並木と申します……」

素早くよそ行きの声に着替える。舞子の大人の対応力で、なんとかその場をしのぐことができた。

「明日からもっと効率良く対応してよね。残業を減らさなくちゃいけないんだから」

それだけ言い残すと、舞子は足早にフロアを去った。

＊＊＊

2時間後。

自宅マンションの部屋でテレビ画面を見つめる舞子の姿があった。風呂上がりのジャージスタイル。ベッドに腰掛け、右手には缶ビール、左手には赤いコントローラーが握られている。脇にはファミコン本体が、ベッドの揺れに合わせて小刻みにバウンドしている。

舞子は、実家からファミコン本体とドラクエⅢのソフトをこっそり持って来ていた。母親に見つかるのは気がひけたため、衣類と一緒にスポーツバッグの底に忍ばせて持ち帰った。以来、毎晩ドラクエの世界に浸って一日を締めくくっている。

勇者まいこは、戦士、僧侶、魔法使いをメンバーに選び、4人パーティーで冒険の旅に出た。

4人を率いるのはもちろん、画面の外の舞子だ。道中、数々のモンスターに遭遇して戦う。戦闘を繰り返すうちに、敵の攻撃パターンや耐性がわかり、攻撃の仕方も工夫するようになる。

呪文の効きやすいモンスターは魔法使いや僧侶に呪文で攻撃させて、呪文が効かないモンスターは勇者と戦士に戦わせる。この組み合わせを間違えると、戦闘が長引いてパーティーは疲弊してしまう。

「あれ……そういえばさ……」

画面の中で戦う4人を見て、ふとつぶやいた。

「あの子たちって、そもそも戦士なのかな？　僧侶なのかな？　それとも……」

舞子は気が付いた。アーサーとすけさんはいったい何の専門家なのか？　いや、それどころか今までどんな仕事をしてきて、何が得意なのかすらほとんど知らないことに。

「これじゃ、戦えない……よね」

フィールドのBGMが深夜のマンションの一室に明るく響く。戦闘を終えたパーティーは、舞子の操作を待って元気に足踏みを繰り返した。

解説

メンバーの特性を知る

ドラクエⅢの世界で、国王からミッションを言い渡された勇者は、町の酒場でともに戦うメンバーを選ぶ。候補メンバーの職業はさまざまだ。強靭な体力を持ち武器を使った攻撃に長ける「戦士」、素手での攻撃のプロ「武闘家」、体力は弱いが攻撃系の呪文を自由に操る「魔法使い」、体力回復など守りの呪文の使い手「僧侶」など。

この中から、最大3人のメンバーを選び、パーティー（戦隊）を組んで冒険の旅に出発する。プレイヤーは、それぞれのメンバーの特性を生かしながら攻撃や防御の指示を出し、戦陣を率いていくことになる。メンバーの職業や特性を知らずしてがむしゃらに戦ってもうまくいかない。

職場のチームマネジメントも同じである。

メンバーはそもそも何屋さんなのか？　どんな経験をしてきて、何が得意なのか？

……それをあなたはどれだけ知っているだろうか？　それ以前に、リーダーであるあなた自身が何者かを上司やメンバーに示しているだろうか?

メンバーが何者かを知る。自分自身が何者かを示す。この2つは、グローバル化が進む昨今、大変重要である。

筆者はこれまで、合計8名の外国人(または海外駐在を終えて帰任したばかりの日本人)リーダーの下で仕事をした。彼らが、初対面のメンバーに必ずする質問がある。それは……

〝What is your expertise?〟(キミは何の専門家かな?)

このとき、私たち日本人は「私は経理部門に15年いまして……」なんて所属の履歴を述べてしまいがちである。しかし、それは相手にとって無価値だ。

彼らはあなたが何の専門家で、何ができる人で、チームにどう貢献できる人なのかを知りたいのだ。その情報をもとに、「誰にどの仕事を任せて、どう仕事を進めるか?」「困ったときに誰を頼ればよいか?」と、役割分担、スキルや知見のありかを明確にし、メンバー同士の信頼関係を築きながらゴールを目指す。もちろん、リーダー自身も積極的に自己開示をする。

面白いもので、メンバーに意外な経験や得意分野があることがわかると、そのチームのモチベーションは上がる。

「あいつ、そんな面白い経験があるんだ!」

「彼女はコーポレートブランディングのプロか。これから一緒に仕事するのが楽しみだ」

「へえ、あの人、認証基盤の開発経験が長いんだ。困ったらいろいろと助けてもらおう」

メンバーが互いに興味や誇りを持つようになり、自ら進んで自己開示する雰囲気にもなる。


メンバーの特性を知る、生かす。これはグローバル企業でなくても大事だ。

ある製造業では、中途入社の社員の離職率の高さが問題になっていた。せっかく採用した専門家が3年以内に辞めてしまうという。人事部門が退職理由を調査したところ「自分の専門性が生かせない」「過去の経験が生かせない」がトップだった。

とりわけ、転職者や異動者は何かと孤立しがちでもある。

リーダーは新入りと積極的にコミュニケーションし、相手の専門性や得意分野を知り(そして他のメンバーに共有し)、メンバーの経験やスキルが生きるチーム編成をしたいものである。

お互いが何者かわからない状態は、チームにとって損失でしかない。

<Business Point>
キャリアマネジメント

第4話　「『つよさ』を知る」
～メンバーの基礎能力のレベルを知っているか？

「あの子たちって、そもそも戦士なのかな？　僧侶なのかな？　それとも……」

深夜、ドラクエⅢをプレイしながらつぶやく舞子。そういえば、舞子はアーサーとすけさんの得意分野はおろか、経歴すらよく知らない。これでは、適切な業務分担もできないし、業務効率アップも狙えない。

チーム発足から今日まで、とにかく目先のトラブル対応やクレーム対応や報告であたふたしていて、メンバーとまともに会話する余裕なんてなかった（お説教は何度もしたけれど）。

「メンバーのこと、もっと知らなくちゃ」

缶の底にわずかに残ったビールを飲み干し、舞子はその日の冒険を終えた。

＊＊＊

明くる日。

昼休み、舞子は2人を誘ってオフィスを出た。

「いつも社食ばかりじゃ飽きるしね。たまには外に行こう」

真夏の突き刺すような強い日差しが、3人を照らす。オフィスの冷房で冷え切った体には、むしろ心地いい。が、そう感じたのも束の間。額から滲み出た汗が、舞子の額を伝う。

路地裏の小さな定食屋。壁の煤けとひび割れが目立つ、昭和の雰囲気そのままの店だが、隠れた人気店のようでいつも近隣のサラリーマンで賑わっている。今日は、幸い先客の姿はない。フライングして職場を出て正解だった。3人は奥の座敷に上がり、揃ってから揚げ定食を注文した。

古びた木の座卓を挟んで、奥に舞子が、手前にアーサーとすけさんが並ぶ。思えば、こんな風にのんびりと3人が顔を見合わせたことって今まであっただろうか？

「そういえばさ、2人はここに来るまでどんなことをやってきたの？」

ちょうどお冷が運ばれてきたタイミングで、舞子は2人を見つめる。

「そうっすね。僕は最初の配属は〝ＬＩＮＤＡ〟（人事システム）の開発チームで……」

最初にアーサーが口を開いた。そして、少し照れくさそうに自分の過去を語り始めた。

解説

タイプ分析を行う

メンバーの「つよさ」を見てみよう

ドラクエには、仲間の「つよさ」を確認するコマンドがある。

体力、知力、素早さ、覚えた呪文など、ともに戦う仲間の特性を把握することができる。

パーティーの長であるあなた（勇者）は、メンバーの「つよさ」をもとに育成プランや打倒魔王に向けた戦略を立てていく。

「僧侶があと2つ呪文を覚えたら、次の町を目指そう」

「魔法使いは体力がないから、敵からの攻撃を受けにくい最後列に配置しよう」

「この武闘家は素早さはピカイチだ。強い敵が出てきたら、先制攻撃させよう」

がむしゃらに戦っていたら、たちどころにパーティーは疲弊して全滅する。

あなたはメンバーの「つよさ」を知っているだろうか？

体力、知識レベルはもちろん、「人と接するのが得意なのか？」「黙々と作業するのが得意なのか？」「業務経験や知識はどれだけあるのか？」「どんな資格を持っているのか？」など、常に把握しておきたい。

特性や経歴を無視した仕事のアサインは、本人にとっても組織にとっても不幸になり得る。

たとえ苦手な仕事を任せる場合でも、ただなんとなく任せるのと、「本人に弱みを克服してもらい、ひと回り大きく成長してもらうために意図的に任せる」のとでは雲泥の差だ。

当然ながら、メンバーの「つよさ」は日々変化する。メンバーは最初に把握した「つよさ」に縛られることなく、メンバーの成長と「つよさ」の変化をしっかりと観察しよう。

つよさ
▶まいこ

まいこ
運用リーダー
性別：女
レベル：35

E 論理的思考
E 率直さ
E 初級シスアド
E 英検準1級

広報部門の経験
情シス総務担当

すばやさ：200
かしこさ：180
がまんづよさ：70
ひとあたり：140
まきこむちから：150
ひをけすちから：100
……

タイプ分析で「つよさ」を把握する

チームメンバーの「つよさ」の把握によく使われている分類方法を1つ紹介しよう。ビジネスパーソンを、コントローラー／プロモーター／サポーター／アナライザーの4タイプに分けるタイプ分析だ。

- **コントローラー型**

支配欲が強く、自分が思った通りに行動したがる。単刀直入、スピード重視、結果重視傾向。

- **プロモーター型**

人に影響を与えたい欲求が強い。人との交流を好み、斬新なアイディアやアプローチに挑戦する。

- **サポーター型**

人を助けるのが好き、前に出たがらず、協調と合意を重んじるタイプ。

- **アナライザー型**

正確さと計画性を重視する。情報収集や分析が得意。あまり感情は表に出さない。

タイプ分析の結果は、日々の仕事の進め方やフォーメーションに生かすことができる。

「アイディア出しの会議では、プロモーター属性の強いメンバーに司会進行を任せよう」

「アナライザー型のメンバーには、ユーザー対応よりもバックでのトラブルの傾向分析をやってもらおう」

「他部署との打ち合わせ。コントローラーのリーダー1人だと相手にズバズバ言い過ぎでしまいそうだから、サポーターの部下も同席させよう」

4つのタイプ分析は、コーチングや人材サービスの企業がインターネット上で無料の簡易診断ツールも提供している。チームのコミュニケーションのきっかけづくりも兼ね、一度、試してみてはいかがだろうか?

「タレントマネジメント」に備えておく

「タレントマネジメント」という言葉をご存知だろうか?

以前、新入社員研修で受講生に聞いてみたところ「ホリプロのマネージャーのことですか?」と真顔で返ってきた。残念ながら(?)そのタレントではない。

「タレント」とは才能／能力のこと。「マネジメント」は管理。

企業が従業員の才能や能力のありかをデータベースなどで見える化し、新たに発生したミッションに対して素早く人材をアサインしてチーム編成できるようにするための能力管理の仕組みである。

近年「タレントマネジメント」が注目されてきており、グローバル企業を中心に「どの国の」「どのグループ会社の」「どの部署に」「どんな能力や実績を持っている人がいるのか?」を管理する動きが日本でも盛んになってきた。

登録する箱（データベースなど）がどんなに充実していても、そこに社員の能力や経験がきちんと登録されていなければタレントマネジメントは機能しない。

あなたやメンバーがどんなに優秀で、高いポテンシャルがあって、良い経験をしていて、素晴らしい実績を残していても、それが会社に発見されなければ意味がないのだ。

自分の「つよさ」、メンバーの「つよさ」が埋没していないか?　今から棚卸しして、説明可能な状態にしておきたい。

<Business Point>

タイプ分析、タレントマネジメント

この昼休みで、舞子はメンバー2人の「つよさ」を知ることができた。

アーサーは私立の理工学部卒。1年のダブリ（留年）を経て、入社当初は認証基盤の開発チームに所属。おかげで認証がらみのトラブル解析や対応検討は得意らしい。4年目に人事システムの開発チームに異動。主に各種ジョブの設計や構築、運用設計に携わった。長年、開発チームにいたからか、夜は強いが朝にはめっぽう弱くなったとのこと（だからって、寝坊の遅刻は許さないわよ！）。プライベートでは、最近はビリヤードとダーツにハマっているらしい。

すけさんは国立大学の商学部出身。入社からつい最近まで購買部で、検査装置の保守部品の発注先選定業務をこなしてきた。3歳の子どもがいて、家庭では皿洗いとトイレ掃除はすけさんの担当。奥さんは2つ年上で、頭が上がらないらしい。

趣味は将棋。大学では将棋部と柔道部に所属し、持久力と集中力に自信はあるとか。

――なるほど、だからすけさんは購買業務に詳しいし、ユーザー（＝購買部の社員）との会話もスムーズなのね。

今まで、アーサーは開発出身の理系男子で、すけさんは子持ちで購買部出身であることくらいしか知らなかった。

――ユーザー対応はなるべくすけさんに任せて、トラブル解析や開発チームへのエスカレーションを、アーサーに任せることにしよう。

お茶をすすりながら、舞子はチーム編成を考えていた。

「へぇ。舞子さん、広報出身だったんですねぇ。ずっとシステム一筋かと思っていました」

舞子もまた自分の過去を話した。

国際学部出身であること。なんとなく「グローバル」な環境で仕事がしたいと思い、アリア機械に入社したこと。6年間、広報部で社内報の編集をやっていたこと。情報システム部門に異動になり、総務担当を経てなぜか今は購買システム運用チームのリーダーをしていること。残念ながら(?)、システム開発の経験はまったくない。

「広報って、社内外のいい男選り取りみどりじゃないですか。広告代理店とか、制作会社とか……」

アーサーは、その先を言いたげな表情でニヤニヤしている。

「アーサー、あんた調子に乗り過ぎ！　さ、そろそろ仕事に戻るわよ」

のんびりムードもそこまで。舞子はささっと立ち上がり、レジに向かう。

背後で財布を取り出そうとする2人。舞子はとっさに手を伸ばし、制止のポーズをした。

「今日はいいわよ。私のおごり」

「ごちそうさまです！」

男子2人は深々と頭を下げた。

「また来てくれよなっ！」

店のオヤジの威勢のいい声が、3人の背中を追いかけた。

第5話　「しかし、これ以上ものを持てない」
～部下のキャパシティは大丈夫？

2人の部下の「つよさ」を把握した舞子。
メンバーの特性にあった業務分担を行い、業務効率のアップを目論んだ。適材適所……そんな四字熟語が舞子の頭をよぎる。しかし、そこで落ち着いていてはダメだ。

「新たな『つよさ』を身に付けてもらわなくちゃ」

アリア機械では、社員に年間8日間の外部研修の受講を義務付けている。対象は全社員。舞子たちのいる情報システム部も例外ではない。舞子は、メンバーになるべく早めに研修受講を完了させようと考えた。

「ええっ、11月末までに8日間全部消化しろ……って、そんな無茶っすよ！　忙しいのに……」

アーサーは大きくうろたえた。まあ、想定内の反応だ。すけさんは表情を変えずに黙って様子を見ている。

「忙しいときだからこそ、新しい知識とスキルをインプットして、業務効率化とレベルアップを図るのよ！　それに……」

舞子は一呼吸おいた。続ける。

「冬以降は、購買システムのトラブルやバグの根本原因の特定と解決。次年度のシステム改修検討と運用検討に注力したいの。その前になるべく、私たちのスキルレベルを上げておきたい」

一理ある。しかし、部下2人の表情からは「イエス」の答えが読み取れない。

「とにかく、11月が終わるまでに研修8日間をコンプリートしてちょうだい。アーサーは、ユーザー対応力を高めるための研修がいいわね。来週、ちょうど良さそうな研修が3日間あるみたいよ。ほら……」

そう言いながら、舞子は「アリア機械　社外研修シラバス」と書かれた分厚い冊子をパラパラとめくった。

＊＊＊

そして2週間後の月曜日の朝。

3日間の研修を終えたアーサーが、久々にオフィスに出社した。

「お、おはようございます。た、ただいま帰りました……」

なぜだろう？　アーサーはどこかやつれたような、なんだか浮かない表情をしている。

「お疲れ様！　コミュニケーションの研修どうだった？　みっちり3本も受けたんだから、ユーザー対応力、格段にアップしているわよね。早速、その成果を仕事で見せてよね！」

舞子は、期待を込めるつもりでアーサーの肩をポンと叩いた。

「えーと、ううんと……あの……その……」

アーサーは立ったまま固まっている。次の瞬間、アーサーは頭に手を当てて声を上げた。

「ああ、もう！　いろいろな知識を詰め込みすぎて、何をどうしたらいいのか、わからなくなりました！」

なんということだろう！　アーサーの頭は混乱してしまったようだ……。

解説

詰め込み過ぎに注意！

ファミコンのドラクエⅡ・Ⅲ・Ⅳでは、メンバーひとりが持つことのできるアイテムは最大8つまでに限られており、それ以上、物を持つことができない。

どんなに優れた武器や防具をメンバーに買い与えようとしても、そもそも持てない、使いこなせないでは元も子もない。

あなたの部下もそんな「キャパシティオーバー」になってはいないだろうか？

- **研修を山のように受けさせた結果、思考停止状態に。**
- **ツールを買い与えたが、操作方法を覚える余裕すらなく使いこなせていない。**
- **新しいフレームワークを身に付けさせようとしているが、消化不良気味。**

もちろん、ある程度の強制力で後押ししないと、なかなか新しい知識やスキルが身に付かない面もあろう。しかし、まったく身に付かず、業務に生かされずでは時間とお金（そしてメンバーの気力と体力）の無駄である。

残念ながら、このような現象は、人事制度で研修受講や資格取得を社員に義務付けている会社（IT企業に多い）で見られがちである。

リーダーは、部下の研修受講や資格取得のノルマ達成だけに気をとられ、研修受講の目的や内容まで意識が向かないのだ。その結果、メンバーは覚えられない・使いこなせない知識やスキルでアップアップすることになる。

「何の目的で、どんなスキルをそのメンバーに身に付けさせるべきか？」

年間（あるいは中長期）の業務計画、および各自のキャリアプランと照らし合わせてしっかり計画したい。そのためには、マイルストーンの設定（第2話。26ページ）、キャリアマネジメント（第3話。33ページ）も重要だ。

また、メンバーが身に付けた知識やスキルを業務に生かす「場」、チームに横展開する「場」を作ることも大事だ。一過性の座学だけでは、なかなか知識もスキルも定着しない。

<Business Point>

キャパシティマネジメント

「まったく、せっかく研修を受けさせてあげたのに……」

その日も遅くに自宅に帰った舞子。今宵もテーブルの上には、ドラクエⅢのカートリッジが挿さったファミコン本体、そしてチーズ鱈の袋が展開されている。

舞子は、適度に腹ごしらえしつつゲームを進めた。

勇者まいことその仲間たち。モンスターとの戦いもこなれてきて、それなりにゴールド（＝お金）もたまってきた。町の武器屋に足を運ぶ。良い武器と防具をたんまり買い込み、メンバーに渡そうとする。ところが次の瞬間、画面に無機質なメッセージが表示される。

「しかし、これ以上ものを持てない！」

――そうだった。１人当たり最大８個しかアイテムを持てないんだったっけ。すっかり忘れていた。ん、待てよ……。

「アーサーにもアイテム……ちょっと詰め込みすぎちゃったかしらね」

舞子は、チーズ鱈の最後の１本を頬張った。

第2章

コミュニケーション

第6話　「たたかう」「にげる」「ぼうぎょ」～戦うスタンスは明確か？

それにしても業務量が多い。
定常運用業務はもちろんのこと、トラブル対応、ユーザーからの要望ヒアリングや問い合わせ対応、時にクレーム対応まで、3人は休まる暇がない。なかなか残業時間を減らせず、舞子はもどかしい思いでフロアを見つめる。

特にすけさんの仕事ぶりが気になっていた。
ある程度のところで投げ出すアーサーはさておき（どうかと思うこともあるが）、すけさんはどんな仕事もとにかく我慢強く丁寧にこなす。その長所は認めつつ、いかんせん時間がかかるのがリーダーとしては悩みどころ。今も、ユーザーからの長電話に捕まっている様子だ。

「はい。はい。それでは、検討した上で折り返しますので、いったん電話を切りますね」
どうやら一段落したようだ。すけさんが受話器を置いた仕草を確認し、舞子が駆け寄る。

「すけさん、いったいどんな用件を受けていたの？」

「ええ。購買部の材料調達チームの課長代理さんからで、購買システムが分割検収に対応していなくて困っていると。で、運用対処の要望をされましてね。いわく、検収をするごとに注文番号と日付と金額をメールで伝えるから、うち（購買システム運用チーム）でシステムにデータを流して分割検収処理してくれないかと。で、これから具体的な対応方法を考えようと思っています」

穏やかな口調で語ってはいるが、なかなか重たい話だ。ハイそうですかと見過ごすわけにはいかない。

「ううん……その話、受けちゃダメなんじゃない？　そもそも、購買システムの仕様を決めたのは購買部さんなんだしさ。『仕様です、どうにもなりません！　次の改修まで待ってください』で切り返したらどう？」

購買システムの分割検収未対応は以前も問題になっていて、インシデントとしても登録されている。次年度の機能追加の最優先事項にもなっていることだし、それまではユーザー側の運用対処でしのいでもらうしかない。

「ほほう。言われてみればそうですね。わかりました、すぐ電話して丁重にお断りします」

あっさり納得してくれたすけさん。その大きな手で、再び受話器を持ち上げた。


「あの、並木さんちょっといいかな？」

課長の衣笠から、背中越しに声をかけられる。

「1つ相談があるんだ。ナレッジ管理チームから、こんな協力依頼を受けていてね……」


舞子は衣笠と向き合った。

情報システム部ナレッジ管理チーム。社内のシステム開発や運用のノウハウや成功事例（時に失敗事例）をナレッジ化する専門部隊だ。ナレッジマネジメントの学会にも参加していて、たびたび事例発表もしていると聞く。そのナレッジ管理チームが、舞子のチームにいったい何の用だろう？


「なんかね。ナレッジ管理チームが、購買システム運用チームで起こっているトラブルや対応事例を研究してノウハウ化したいんだって」

聞けば、システムリリースから安定稼動に至るまでの業務トラブル・システムトラブルの事例と対応を調査し、論文にしたいとのこと。そこで、立ち上がって間もない購買システム運用チームに白羽の矢が立った。こういうことだ。

「申し訳ありませんが、今、アカデミックなことにお付き合いしている暇はありません。課長も状況はおわかりでしょう？」

アリア機械では「さん付け呼称」が定着していて、上位者を役職名で呼ぶことはほとんどない。舞子は嫌味を込めて、衣笠をあえて「課長」と呼んだ。

「そうなんだけれど。協力しますって言っちゃったんだよね……」

目を泳がせて横を向く衣笠。まるで他人事のように語るその横顔に、舞子は鉄拳を食らわせたくなった。

次から次にいろいろな仕事が振ってくる。

すべての仕事に時間をかけていたのでは到底、回らない。メンバーは頑張って一つひとつの仕事に正面から向き合って戦っているけれど、それって正しいのだろうか？　時には「逃げる」ことも必要ではないか？　舞子の頭の中に、ドラクエのコマンドがちらついた。

仕事に対する向き合い方を判断して指示する

戦闘のコマンドを駆使する

ドラクエではモンスターに遭遇すると、大きく5つのコマンド（選択肢）がプレイヤーに示される。「たたかう」「にげる」「ぼうぎょ」「じゅもん」「どうぐ」。

プレイヤーは、コマンドを選択してモンスターとの向き合い方を画面上のパーティーに指示するのだ。とてもシンプルなシステムだが、この考え方、チームマネジメントにも大いに流用したい。

このコマンドを、ビジネスの現場に当てはめるとこうなる。

●「たたかう」

武器もしくは素手で戦う。その仕事をしっかり受け止めて対応する／解決する。時に、相手を説得する。

●「にげる」
戦わずに逃げる。「他のチームに頼んでください！」「リソースが足りなくて…ごめんなさい！」

●「ぼうぎょ」
攻撃に耐えて身を守る。相手の怒りが冷めるのを待つ、など。

●「じゅもん」「どうぐ」
魔法やアイテムを使って効率良く戦う。ルールやプロセスを見直したり、システムやFAQなどのツールを使って業務効率を上げる。「アウトソーシング」というじゅもんも検討したい。

あなたは日々舞い込んでくる仕事に対して、「向き合い方」をきちんと判断しているだろうか？　メンバーにシンプルに指示できているだろうか？
あなたもメンバーも、「たたかう」ばかりで疲弊してはいないだろうか？（あるいは、常に「たたかう」自分に酔っていないだろうか？）

著者自身、情報システム部門でヘルプデスク・オペレーションデスクのリーダーをやっていたときは、すべてのインシデントと戦おうとしていた。ところが、見る見るうちに自分とメンバーのヒットポイント（体力）が失われていく。これではチームは崩壊してしまう。

そこで、ドラクエからヒントを得た。インシデントが発生する都度、「たたかう」「にげる」「ぼうぎょ」「じゅもん」「どうぐ」のスタンスを明確にし、メンバーに指示するようにしたのだ。

すべてのモンスター（業務）と戦っていたらキリがない。時に「にげる」ことも視野に入れ、テキパキとコマンドを判断して山のような業務をさばいていきたい。

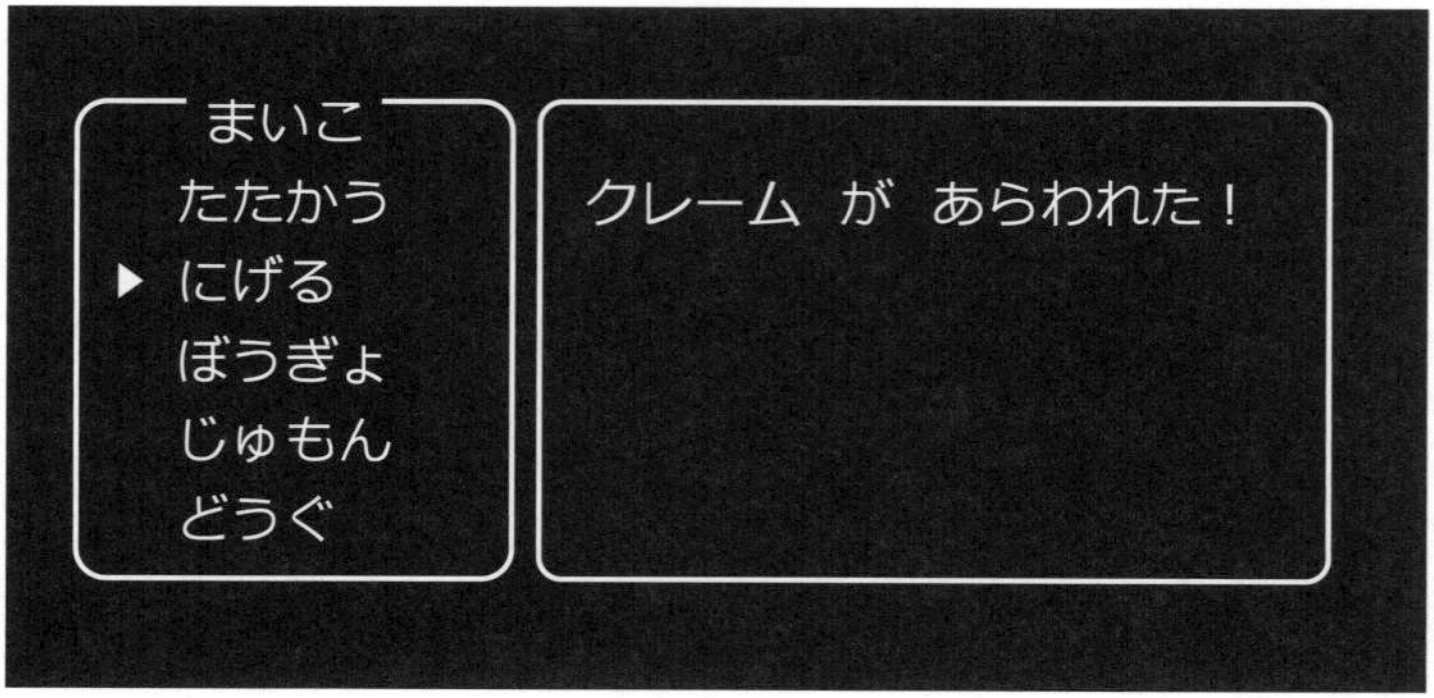

部下の育成にも効果的～「シンプルコミュニケーション」

ドラクエ流の戦闘コマンドは、部下の育成にも役立つ。

部下がトラブルなどに遭遇したとき、「たたかう」「にげる」「じゅもん」……を判断させてみよう。

「あなたはこのトラブルに対してどうしたらいいと思う？　『たたかう？』『にげる？』」

この問いかけは、部下の考えやスタンスを明確にする助けになる。

また、最初にスタンスやゴールを明確にして、そこから何をすべきかを考える習慣を付けさせることができる。

シンプルに伝えて、シンプルに考える習慣。すなわちシンプルコミュニケーションは、チームの業務効率と結束力を高める上で大変重要だ。とりわけ、次の3つの法則をリーダーもメンバーも心がけたい。

❶結論を最初に言う

「たたかう」「にげる」「ぼうぎょ」「じゅもん」「どうぐ」も結論の一種

❷ ナンバリングする

「理由は2つあります」「メリットは3点です」

❸ 理由と事例を示す

「この機能のリリースは延期すべきだと思います。なぜなら〜。以前にこんなトラブルが〜」

この3つは大学などの高等教育機関で、日本人が英語でのビジネスコミュニケーションを円滑に行うための発言法則としても用いられている。すなわち、日ごろからこの3つを心がけていれば、グローバルコミュニケーションスキルも向上するのだ。

コミュニケーション習慣は、組織における考え方のフレームワークである。

「結論を最初に言いなさい」

こんな口ぐせの上司の元で育った部下は、やがて結論を最初に考えて伝えるようになる。

リーダーもメンバーも、シンプルに考え、シンプルに伝える習慣を身に付けたい。

<Business Point>

シンプルコミュニケーション

第7話 「ガンガンいこうぜ」「いのちをだいじに」
～ポリシーをチームに示しているか？

「申し訳ありません。その協力依頼、対応いたしかねます。課長から断ってください」

舞子は毅然と、しかし丁重に伝えた。

ナレッジ管理チームからの協力依頼の話を聞かされた舞子。なんでも、舞子の率いる購買システム運用チームのトラブルや対応事例を研究したい。その研究に付き合ってほしいとのことだ。そんな余力は、今のチームにない。

「わかった。わかりましたよ。じゃあ、こういうのはどうだろう？　年明け、そうだね……1月くらいまで待って、そのときのチームの状況を見て協力するかどうか判断するっていうのは？」

衣笠は額の汗を拭き拭き、代替案を提示した。彼も一度は「協力します」とナレッジ管理チームに返事してしまった手前、ゼロ回答は返しづらいのだろう。1月か。そのころには今のドタバタもだいぶラクにはなっていそうだ。

「わかりました。1月ですね。それまでには、チームの稼動を安定させられるよう頑張ります」

舞子は深々と頭を下げ、自席に戻った。

＊＊＊

星のきれいな夜だ。

こんな日は、駅裏のバルで一杯落ち着けてから帰りたいところだったが、舞子はそれよりもやりかけのドラクエの続きが気になった。家路を急ぐ。

舞子は「ドラクエⅢ」の冒険を一休みし、先週からは「ドラクエⅣ」をプレイし始めていた。このゲームはなかなか画期的で、ＡＩ（人工知能）を搭載した自動戦闘機能などが話題を呼んだ。

「さて、いよいよ最終章ね！」

自室に戻った舞子。コントローラーを握る手に力が入る。

ドラクエⅣの最終章（第5章）では、リーダー（＝プレイヤー＝主人公の勇者）はメンバーに細かな戦闘の指示ができない。その代わり、リーダーはメンバーに戦闘のポリシー（方針）のみを伝える。「ガンガンいこうぜ」「いのちをだいじに」「じゅもんをつかうな」など。このポリシーに沿って、メンバーは自律的に（ＡＩが考えてくれるのだが）戦ってくれるのだ。

「ううん。ヒットポイント（体力）が減ってきたから、ここは『いのちをだいじに』でいっとこう」

テキパキとメンバーに戦闘ポリシーを示す。そこではたと気付いた。

「あれれ。そういえば私……アーサーとすけさんに戦うポリシー、きちんと伝えていたかな？」

ぼんやりと画面を見つめる舞子。その先では、仮想のメンバーたちがポリシー通りの戦闘を繰り広げていた。

解説

チームのポリシーを示す

手取り足取りの指示だけではダメ

「たたかう」「にげる」「ぼうぎょ」「じゅもん」「どうぐ」

個々のインシデント（トラブル、クレーム、問い合わせ、対応依頼など）に対し、都度、メンバーに戦い方の指示するのも大事だが（第6話。58ページを参照）、それではなかなか量をこなせない。なにより、メンバーがいつまでたっても自立できない。

リーダーは、メンバーに部門あるいはチームのポリシーを示す必要がある。

そのポリシーに沿って、具体的な仕事の進め方、振る舞い方はメンバーに考えさせ実践させる。

そうすることで、チームは方向感を見失わずに、メンバーの自律的な行動を促しつつパフォーマンスを発揮することができる。

チームのポリシーには、中長期的なものと短期的なものがある。

会社のポリシーや部門のポリシーなど、上位組織で定められた共通方針を受けて設定するもの。これは中長期のスパンで不変である。一方、「第三四半期は予算が厳しい↓『予算を使うな』」「この1カ月は苦労してでもノウハウをためたい↓『ガンガンいこうぜ』」など、短期的な状況を鑑みて設定するものがあろう。

リーダーは、ファミコンのコントローラーの十字キーのごとく、上下横を見渡してチームのポリシーを設定し、メンバーに浸透させる役割を担っている。

ビジョン・ミッションを確認しているか？

あなたは自部門のビジョン・ミッション、部門目標を把握しているだろうか？

その部門は、どんな組織を目指しているのか？　いつまでにどんな数値目標を達成すべきなのか？　コスト重視か効率重視か？　国内優先かグローバル優先か？

チームのポリシー

ガンガンいこうぜ	まずユーザの声を聞け
▶いろいろやろうぜ	効率第一
外注しようぜ	残業するな
予算をだいじに	ノウハウをためろ
グローバル優先で	：

このような上位のポリシーを知らずに、下位のチームのポリシーは決められない。

リーダーは、部門など上位のポリシーを理解した上で、チーム単位のポリシーや具体的なマイルストーン（第2話。26ページ参照）や行動目標を設計してメンバーに浸透させる必要がある。

上位概念を汲み取り、メンバーが行動できる粒度に落とし込む。それを怠ってはならない。

ポリシーを公表してみる

ある企業の調達部門の例を挙げる。

この企業では全社レベルの「調達ポリシー」を策定し、調達部門が率先して取り組むこと（＝「DO」）と、絶対にやらないこと（＝「DONTS」）、いわゆる「DO・DONTS」を取引先向けのウェブサイトやイントラネットの部門サイトで社内外に公表している。

「DO・DONTS」はチーム単位でも作成されており、守らない社員は人事評価が下がる。

<Business Point>

ビジョン・ミッションの確認、チームポリシーの策定と浸透

第8話 「はぐれメタルを逃がすな！」～何がそのチームにとって大切か？

「業務効率を大事に。ただし、初めて遭遇する事象はすぐエスカレーションしてチームの知見にする」

舞子はこれをポリシーに掲げ、上司の衣笠とメンバー2人に話した。

業務効率優先。情報システム部門のミッションにも謳われている重要テーマの1つだ。これははずせない。ただし、発足したばかりの自チームの現状を考えると、効率一辺倒ではまずい。初めての事象には、じっくりと向き合って分析・検討しチームのノウハウにする必要がある。

こうしてまた、1週間が終わった。

土曜日。雨降りの週末。

舞子はなんとなく目を覚まし、なんとなくコーヒーを淹れ、そしてなんとなくファミコンのコントローラーを手に取った。ドラクエⅣの続きをプレイする。冒険の旅もだいぶ進み、パーティーのメンバーも増え賑やかになってきた。

ドラクエⅣにはＡＩ（人工知能）を利用した自動戦闘機能が搭載されている。最後の章では、プレイヤーが指示できるのは主人公（勇者）のみ。他のメンバーは、プレイヤーが示した戦闘ポリシーに従って自律的に戦う。ＡＩがそれまでの戦闘を通じて学習したモンスターの特性情報などをもとに、「どのモンスターから攻撃するか？」「どんな呪文を使うか？」などを自動で判断するのだ。

と、このＡＩがなかなか残念でたびたびプレイヤーを悩ませる。

「あんたたち！　なんで、はぐれメタルを先に攻撃しないのよ！」

はぐれメタルは、遭遇率が低いレアモンスターだ。

名の通りメタルをまとっているため守備力が高く、攻撃しにくい上、すばやさが高くすぐに逃げられてしまう。難易度が高いだけあって、倒した後に得られる「経験値」は群を抜いて高い。経験値を稼げば、それだけメンバーのレベルを早く上げられる。出会ったら何が何でも倒しておきたい。

それなのに、はぐれメタルと他のザコキャラが同時に現れた場合、メンバーはまず倒しやすいザコキャラから攻撃しようとする。

「そんなザコは後回しでいいから、はぐれメタルを狙いなさいよ！　逃げられちゃうよ」

舞子の口調が厳しくなる。まるで部下を叱っている雰囲気だ。

そうこうしているうちに、はぐれメタルは逃げ出した！

「ほら、言わんこっちゃない。もうっ、バカっ！」

画面に向かって毒づく舞子。勢いで冷蔵庫の扉を開け、レモンサワーの缶に手を伸ばした。

「まったく、優先度を考えて仕事してもらいたいもんだわ……」

舞子はふと窓の外を見やる。真冬の冷たい雨が、ベランダの手すりをうがっていた。

解説

仕事に優先度を付ける

仕事に優先度を付けられているか？

すべての仕事に対して同じ労力と時間でまんべんなく対応していたら、時間がいくらあっても足りない。また、受けた順番通り進めていてもこれまた非効率である。そうかといって、やりやすい仕事だけを進めていては、大事な懸案が後回しになるばかりか、貴重な成長のチャンスを逃がしてしまうかもしれない（ザコキャラを相手にしていて、はぐれメタルを逃してしまうように）。

「すぐやったほうがいい仕事」「やらないと後々、面倒になりそうな仕事」「後回しでもいい仕事」リーダーは自分の仕事はもちろん、部下の仕事にも優先度を付けて（あるいは部下が優先度を付けられるようにして）、効率良く仕事ができるようにしたい。

インバスケット思考法というものがある。

限られた時間内により多くの仕事を精度良くこなすための思考方法だが、このトレーニングを通じて仕事の優先順位を判断して処理する能力を鍛えることができる。

インバスケットは、近年では企業の管理職登用の研修などでも取り入れられている。あなたもチャレンジしてみてはどうだろうか?

重要度×緊急度マトリクスで、優先度を見える化しよう

インバスケット法などのトレーニングで、個人の判断力は鍛えることができる。

しかし、チームレベルで能力と足並みを揃えるとなると大変だ。

仕事の優先度の判断基準をチームで統一するに越したことはないが、なかなかそうできないのが世の常。結果、「都度判断」になりがちである。

そんな状況では、重要度×緊急度マトリクスが役立つ。

重要度、緊急度の2軸のマトリクスを描き、そこにチームで持っている仕事やインシデントをプロットする。重要度や緊急度をどう判断するかは、定義できなければ都度チームで相談して決めればよい。

あるIT企業のオペレーションデスクでは、オフィス内のメンバー全員が見えるホワイトボードに重要度×緊急度マトリクスを描き、新たな作業依頼やインシデントが発生する都度、プロットしてメンバー全員の優先度の意識がブレないようにしている。

このような見える化の仕掛け作りも、メンバーの意識合わせ・ベクトル合わせのポイントだ。

<Business Point>

優先度付け、インバスケット思考法、重要度×緊急度マトリクス

◉重要度×緊急度マトリクスの例　円の大きさは影響範囲（ユーザー数の規模の大きさ）

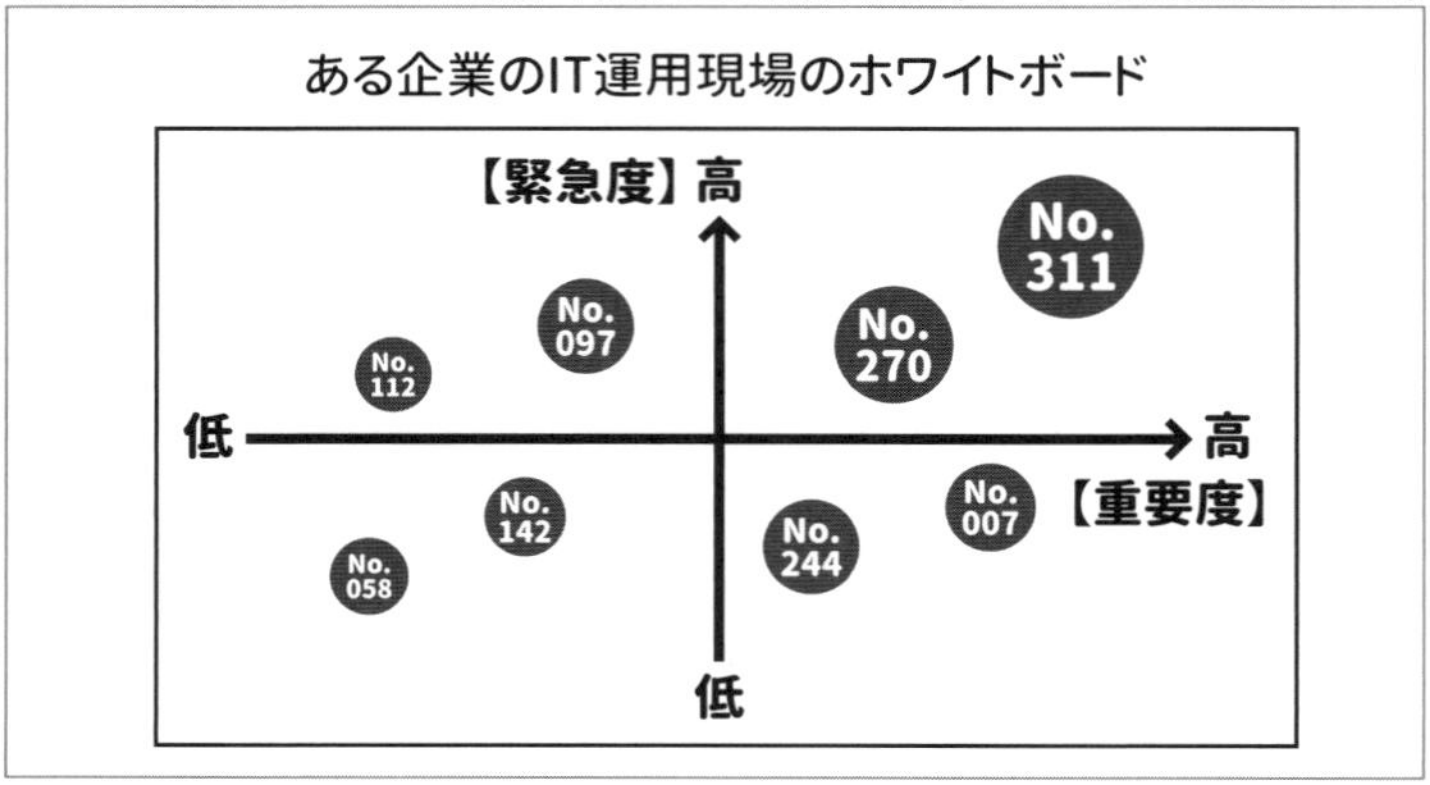

月曜日。朝イチで出社した舞子は、倉庫の奥から使っていないホワイトボードを運んできた。

黒のマーカーを走らせ、中央縦に線を1本、続いて横に線を1本引いて「重要度」「緊急度」と大きく記す。

――うん、上出来♪

「いい？　これからは新たに発生した作業依頼、トラブル、クレーム、問い合わせ……ここにプロットして優先度を決めて行くからね！」

舞子のひときわ力強い声が、朝のフロアにこだました。

第9話「次のレベルになるにはどれくらいの経験が必要?」
～まめに部下や上司と会話しよう

チームに「戦うポリシー」を示し、仕事の優先度付けの仕組みも定着させた舞子。

部下2人、だいぶメリハリを意識して動けるようになってきた。

そんな中、すけさんがぼそっと言った。

「そろそろ、もう少し難しい仕事もしたいですねぇ」

いつも穏やかな、すけさん。バリバリと突き進むタイプでは決してないが、向上心はあるようだ。

リーダーの舞子としても、難易度の高い仕事を部下にやってもらえたら助かるし、ある程度、難しい仕事も自律的に判断できるようになってほしい。なにより、すけさんの向上心を大事にしたい。しかし、3年目のすけさんにいろいろ任せるにはまだ早い。

では、すけさんがどうなったら、より難易度の高い仕事を任せられるのか?

舞子自身、明確な答えがない。

――困ったな、このままではいつまでたっても部下が育たない……。

舞子は考え込んでしまった。

解説

コミュニケーションの必要性

「まいこが次のレベルになるにはあと1000の経験が必要じゃ」

ドラクエの王様の定番セリフである。

ドラクエでは、主人公である勇者とその仲間たち（パーティー）はモンスターを倒して得られる経験値を増やして、「レベル」を上げていく。レベルが上がると、パーティーの体力や知力や素早さなど各パラメーターのスコアがアップしたり、新しい呪文（魔法）を身に付けることができる。

こうして、ラスボス（最後の敵）を倒すための力を付けていくのだ。

次のレベルに上がるまで、あとどれくらいの経験値が必要か（すなわち、あとどれだけモンスターを倒せばよいのか）？

それは国王が教えてくれる。

おのずと、プレイヤーは王様のもとに足しげく通って会話することになる。


ここで、あなたに2つの質問をしたい。

❶あなたは、メンバーを次のレベルに上げるためにどんな経験をさせればよいか考えているか?

❷あなたは、メンバーとまめに会話をし、期待を伝えているか?

現場のリーダーに話を聞くと、「❶はできているけれど、❷はできていない」人が意外と多い。すなわち、自分自身の腹の中には、メンバーに「こういう頑張りをしてほしい」「こう振る舞ってほしい」という思いや期待を持っているものの、それが伝わっていない状態だ。


その結果、メンバーの行動がリーダーやその上司の期待に添えず、空回りを続けることに。

「こうしてほしかったんだけど」「なら、最初からそう言ってくださいよ」のようなやり取りがメンバー・リーダー間でしょっちゅう交わされ、信頼関係が徐々に悪化していく。

まるでいいことがない。

先日、あるIT企業の従業員満足度調査のアンケート結果を見る機会があった。

モチベーションの低い社員の主だった回答に、「上司が自分に何を期待しているのかがわからない」「なぜ、自分にその仕事が与えられているのかがわからない」「自分のキャリアとのつながりがわからない」とあった。放置すると、部下の上司や組織に対する不信感は募る一方だ。


「なぜ、その仕事をそのメンバーに任せるのか?」

「どんな仕事を優先し、どんな意識で望むべきか?」

「どんな振る舞いをすべきか?」

「次のレベルに至るには、どんな経験やスキルや行動が必要か?」


これらをリーダーはメンバーにしっかりと伝え、具体的な行動目標を設定し(させ)、目標とのギャップがどれだけあるのかを日々観察してフォローする責任がある。

なお、目標設定をする(させる)際、「SMART」の考え方が役立つ。復習したい読者は、「ルーラ」と唱えながら第2話(26ページ)に飛んでいただきたい。

<Business Point>

まめなコミュニケーション、キャリアマネジメント

「ちょっといいかしら?」

舞子は、すけさんの丸い横顔に声をかけた。すけさんは座ったまま椅子を90度回転させ、のっそり体を傾ける。

「間もなく、(購買システムをリリースしてから)初めての年度末を迎えるわ。これで、私たちは年間の一通りのイベントを経験することになる」

すけさんは、うんうんと頷いている。

「そこで、今まで経験したことのない期変わり特有のトラブル、クレーム、問い合わせなどのインシデントに遭遇すると思うの。でね、すけさんには、一通りのインシデントを整理して、対応策を提案してもらいたいと思っている」

繁忙期や期変わりの時期は、通常時以上にさまざまなインシデントが発生する。舞子自身、情報システム部に来てから痛いほど経験済みだ。

しかし、その経験を通じて、重大なバグが洗い出せたり、今後の運用変更やシステム改修のポイントが見えてくる。ひと回り大きな運用チームになれる。ここをおろそかにしてはいけない。

それをまだ若手の、なおかつ情報システム部1年目のすけさんにきちんと体験してもらいたい。

すけさん自身のレベルアップとキャリアアップにもつながると信じて。

「はい、頑張ります！」

すけさんは、仏のようなニコニコ顔で返事をした。

気のせいかな？　すけさんのスマイルがいつもより少し締まっているように見えた。

第10話　新しい町に着いたら〜人々の声に耳を傾けよう

夕方。舞子は課長の衣笠に会議室に呼ばれた。

部課長会議が終わってからの、このタイミングの呼び出し。なんとなく嫌な予感がする。

舞子はとぼとぼと衣笠の後を追う。

「あのね、並木さん。購買システムを、来年度からグループ子会社にも順次展開することになったよ……」

衣笠は毛むくじゃらの太い中指で、眼鏡のブリッジを何度か上げ下げした。たまにその仕草を見かける。言いにくい話を切り出すときの手癖のようだ。

「まだ安定運用できていないのに、い、いきなりグループ会社展開ですか？」

舞子は思わず言葉を詰まらせる。まだ一年回してもいない（かつトラブルだらけの）未熟なシステムなのに、いきなり横展開しろだなんて……。まったくお上は何を考えているのだろう。冗談じゃない！

……と、舞子は深呼吸して怒りの言葉を飲み込んだ。少し前までの舞子だったら、ここで目の前の衣笠にキンキンと盾突いたに違いない。しかし、そうしたところでどうにもならないことを舞子はよくわかっていた。もはや、逆らう気力すら起きないのも正直なところだが。

「で、まず私は何をすればいいのでしょうか?」

伸びた前髪をふわっとかき上げる舞子。

「あ……う、うん。まずはね、ナジミ倉庫の情報システム室長の佐原《さはら》さんと、購買部長の能見《のうみ》さんに話を持っていかないといけないんだ」

衣笠は妙に優しい口調で続けた。舞子から何の反論もなかったのが意外だったのか(あるいは怖がっているのか?)、素っ頓狂な表情を浮かべている。

「ナジミ……ですか。よりによって……」

舞子は顔を曇らせた。

ナジミ倉庫は、アリアグループの中でも最も面倒くさい会社のうちの1つだ。本体から出向や転籍で行った「うるさ型」の年配社員が多いと聞く。勝手に物事を進めては、後々、面倒なことになるのは目に見えている。

「とりあえずね。来月に一度先方を訪問したいんだ。並木さんに段取りをお願いできるかな?」

「は、はい……。承知しました」

2つ返事で受けた舞子。さて、どうやってアプローチしたものか?

そこで、定時を知らせるチャイムが鳴った。

＊＊＊

舞子はコンビニの袋を片手に、自宅マンションのエレベーターに乗り込んだ。

扉が開くや否や、正面の姿見に映った自分と目が合う。随分、疲れているな。舞子はとっさに目をそらして背中を向けた。

部屋に戻ると手早くシャワーを浴び、さっき買ったハーゲンダッツのアイスクリームをテーブルに置いた。その足で、ウッドのサイドボードからファミコン本体を引っ張り出し、カートリッジをセットする。

「さてと、プレイ再開♪」

今日もドラクエⅢの世界に身を浸す。お休み前の、ひと時の気分転換だ。

冒険の旅は進む。パーティーのレベルは順調に上がり、新しい町に到着した。

「まず、町の人たちから話を聞かないとね」

軽快なＢＧＭに合わせて、勇者まいこ率いるパーティーは町のあちこちを歩き回り、人々に話しかける。

「うわさでは、この地下牢には抜け穴があるそうだ……」
「王様は胡椒が大好きだ」
「この世界のどこかに海の水を干上がらせる壺があるらしい」
「光の玉があれば魔王の魔力を弱めることができるでしょう」

さまざまな情報を得ながら、「次にどこで何をすべきか？」『どんなアイテムを手に入れるべきか？』『誰を訪ねるべきか？』を考える。お城や町の人々から引き出す情報は、宝なのだ。

——そういえば……。

舞子はコントローラーを操る手を止めた。

——いきなり、ナジミの室長と部長にアポ取って押しかけても門前払いくらいそうよね。まず、周りの人たちに話を聞いたほうがいいのかもしれない……。

舞子はプラスチックのスプーンでアイスクリームをすくい、口に含む。チョコミントのひんやりとした甘さが、喉にじんわり広がった。

解説

情報収集

ドラクエにおいて、お城や町の人々との会話は欠かせない。冒険の旅を進める上で、重要なヒントをくれるからだ。

行き当たりばったりで進めていては、すぐ行き詰る。

隣の国に続く、洞窟の扉の鍵を手に入れていなくて先に進めなかったり、重要人物をいきなり訪問して追い返されたり。あるいは、強敵に遭遇して全滅したり。

人々の声に耳を傾け、しっかり段取りして進めないとラスボスに到達できないのだ。新しい町に着いたら、人々にまず話を聞こう。

私たちの仕事でも同じである。新たに人に会うとき、職位の高い人に会うときなどには、まず周りの人に話を聞いてみるとよい。

たとえば、あなたが事業部長(あなたより3階層職位が上)に業務報告をするとしよう。よほどの緊急事態でない限り、いきなり事業部長を押しかけるような真似はしないだろう。

まず、事業部長秘書にメールか電話を入れて、用件を伝えて日程調整をする。

アポイント当日は、少し早めに事業部長室の近くに行って様子をうかがったり、秘書や同じフロアの人に事業部長の機嫌を聞いてみたりするかもしれない。

そのとき、機転の利く人なら秘書から直前の会議の議題などを聞き出し、事業部長にどんなことを言われそうか、聞かれそうかを推測して対応できるようにしておく。

または、直後の予定を聞き、外出の予定など入っているようであれば、早めに切り上げられるように前もって工夫する。そのようなコミュニケーションマネジメントも結構重要だ。

あるいは、あなたが営業担当で初めて客先の部長を訪問するとき。

前もって、すでにその部長と面識のある社内の人や、その客先の部下に連絡して人柄や趣味趣向などの情報を仕入れておくだろう。

ドラクエ同様、人々との会話による情報収集は大切なのだ。これを怠ると、いわゆる「地雷」を踏んでしまい、聞いてもらえるものも聞いてもらえなくなる。

<Business Point>

周りの人との会話と情報収集

「ねえねえ、ちょっと教えて。情シスの室長の佐原さんってどんな人？」

翌朝、舞子は1本の電話をかけた。相手は舞子と同期の馬堀奈々《まぼりなな》。現在、ナジミ倉庫の経営企画部に出向している。

奈々のみならず、奈々がつないでくれた情報システム室の課長代理さん、購買部の課長さんとも会話することができた。その結果、次の情報を得ることができた。

・佐原は着任3年目。新しいことには手を出したがらない保守派。最近、特にその傾向が強く、面倒くさそうなことは「それ、2〜3年後でもよくない？」と先送りにしたがる様子。

・一方、購買部長の能見はナジミ倉庫には今年着任したばかり。比較的改革肌で、今のナジミの購買業務のやり方を変えたがっているとのこと。

・佐原は少し面倒なところがあり、いきなり本人に話を持っていくと機嫌を損ねる。部下である課長から事前に話をしてもらうよう仕込みが必要らしい。

・佐原は、なぜか能見の言うことは聞く。

なかなか有益な情報が得られた。舞子は「町の人」との会話の大切さを噛み締めた。でも、この情報だけではまだ不安を拭えない。なにせ、相手はあのナジミの部長陣。一筋縄ではいかないはずだ。

――もっと情報を集めておかなければ。そうだ、近いうちにナジミ倉庫に行ってみよう！

舞子は手帳をパラパラとめくり、翌週の空きスケジュールを確認した。

第11話　夜の街にも繰り出そう～時間が変われば景色も変わる

次の週。金曜日の昼下がり、舞子は横浜の桜木町の駅前広場に降り立った。海からの冷たい風が頬を打つ。

ナジミ倉庫の本社は、ここから歩いて7～8分ほど。みなとみらい地区のオフィスビルの中にある。

「来年度、アリア機械の購買システムを、グループ会社のナジミ倉庫にも導入せよ」

先週、そのミッションを言い渡された舞子は、ナジミ倉庫の情報システム室長をドアノックする前に、ひとまず課長の林とその部下に話をしに行くことにした。

たまには外出もいいものだ。大きな観覧車をチラチラ仰ぎながら、舞子はペデストリアンデッキの動く歩道を、いつもよりゆっくりのペースで歩く。

「並木さん……ですか？　情報システム室の林《はやし》です。わざわざご足労ありがとうございます」

受付に濃紺のスーツを着た男が現れた。中肉中背、ところどころ白髪が交じっている。年は30後半から40ちょっとといったところか。林の横には、舞子より少し年下とおぼしき女性が、ニコニコして立っている。ドット柄のベージュのワンピースが爽やかだ。

「堀口《ほりぐち》と申します。林の下で、システム企画を担当しています。どうぞよろしくお願いします」

舞子は2人にお辞儀をし、オフィスに入る。

「ええと、応接室が取れなくてですね……すみませんがそこのオープンスペースでお願いします」

挨拶もそこそこ、舞子は林に導かれて入り口付近の打ち合わせコーナーに入った。堀口も後に続く。

「アリアの購買システムの導入ですか。ちょっとそれは……正直、厳しそうですね……」

「と、おっしゃいますと?」

難色を示す林に、舞子は素早く切り返す。

「購買システムは、うちはすでにパッケージを使っていましてね。で、それをもうしばらく使い続けることになりそうなんですよ。今のサーバーを更改する計画で、来年度の予算も組み始めています」

よくある話だ。舞子はさほど驚くこともなく続ける。

「状況はわかりました。しかし、アリアグループのガバナンス(統制)と全体最適の観点で進めろと、先日の経営会議で決まったようなのです」

ひとまず、教科書をなぞるような説明を試みる。

「それはわかるんですけれど。うちの事情もありましてねぇ……」

アリアグループでは、歴史的に親会社のアリア機械よりもグループ子会社の声が強い。特に、ナジミ倉庫は元アリアの「うるさ型」ＯＢが多く、一癖も二癖もあると悪名高い。ガバナンスだの全体最適だの、そんな美辞麗句が通じる相手ではなさそうだ。

「来年度からいきなりってのは現実的じゃないなぁ……。そうだよね、堀口さん？」

林は、隣の堀口に同意を求める。

「そうですねぇ……でも、既存システムの継続もまだ本決まりではないので、何とでもなると思いますが」

「いや、それはないでしょ……」

堀口のレスポンスに、林が異を唱えた。

ところで、どうしてだろう？　さっきから、林も堀口も時折、横や後ろをチラチラ確認している。何かを気にしている様子だが……。

――これは、何かあるな

舞子はそう直感した。窓の外には、正面のテーマパークの回転遊具が、煌々とイルミネーションを灯しながらくるくると弧を描く様子が見える。

「すみませんね。ご期待に添えなくて……」

2人は心底申し訳なさそうな表情で、舞子を受付まで見送った。

「いえいえ。よくある話ですから。事情は承知いたしました。ところで、全然関係ないのですが、駅のすぐ裏に良さそうなイタリアンありますよね？　あのお店って、おいしいんですか？」

舞子は堀口に聞いてみた。ここへ来る道すがら、たまたま目にとまって気になっていたのだ。

「あのサイロみたいな形をしたバルですよね！　私もまだ行ったことがないんですけれど、ピザがおいしいって評判なんですよ！　あ、並木さんこれからご予定あります？　ご迷惑でなければ、ご一緒しませんか？」

「え、行きたい行きたい！　ぜひ、行きましょう！」

とたんにはしゃぐ舞子。2人はビジネスモードから解き放たれ、週末の女子の顔になっていた。

「林さんもご一緒しませんか？　金曜日ですし」

堀口は上司をちらりと見た。舞子も目線を送る。

「いいね。行こうか！　では、並木さん、すみません。私、カバンを持ってくるので少しここでお待ちいただいてもよろしいですか？」

そう言い残し、林と堀口は自席に戻って行った。

20分後。3人は、イタリアンバルの丸テーブルを囲んでいた。

店の奥には大きな石窯が。ここでピザを焼いているようだ。チーズのとろける匂いが、食欲をそそる。色とりどりのカクテルが並ぶカウンターと、軽快なミュージックに表情が緩む。

ビールで乾杯し、ほっと一息つく。

「購買システムのナジミ倉庫さんへの展開は、やっぱり無理がありますよね。週明け、上司に相談します。他のグループ会社を当たりましょうって……」

ちょっとだけビジネスモード。舞子は、小皿のピスタチオに手を伸ばす。

「そのことなんですけどね……あの場では言いにくかったんですが、実は……」

急に真顔になる林。一呼吸おいて、ゆっくり口を開いた。

オフタイムコミュニケーションの活用

ドラクエでは、Ⅲから時間帯（朝と夜）の概念が導入された。朝と夜とで、お城や町の様子や、人々の言動が大きく変わる。昼は小さくなっているが、夜になると自分の意見を雄弁に語る大臣。「これは独り言だ」と前置いてキーアイテムのありかを教えてくれる兵士。夜にならないと姿を現さない重要人物。

昼間は王様や周りの人目を気にして、なかなか言い出せない本音。それを聞き出せるのが夜なのだ。ドラクエでは、夜の町に繰り出さないと旅の重要ヒントは得られない。

職場も同じである。

昼間はおとなしくしているのに、夜になったとたん別人のように大盛り上がりするチームも少なくない。夜の業務時間外の会話で、意外な本音やヒントを得られることがあるものだ。筆者自身、業務時間中は黙々と作業をしているエンジニアが、夜の居酒屋では課題や愚痴を饒舌に語り出すシーンに何度も遭遇してきた。

「飲みニケーション」(=飲み会を通じたコミュニケーション)の本質はそこにある。

最近失われつつあると言われているものの、飲みニケーションを通じて得られる本音は、仕事を進める上でも、相手との信頼関係を深める上でも重要である。

とはいえ、飲み会に参加する若手が少なくなりつつある昨今。飲み会に過度に依存できない。また、最近では「アルハラ」なる言葉もあり、部下に飲み会参加を強要しにくい(もっとも、強要された飲み会で本音が聞けると思わないほうがいい)。

夜でなくとも、本音を聞き出すことはできる。

- 昼休みにメンバーと一緒にお弁当を食べる。
- お菓子をつまみながら休憩する。
- オフィスに談話スペース・コーヒースペースを作って気軽に会話ができるようにする。
- (あなたが車通勤なら)たまにはチームメンバーを乗せて一緒に帰ってみる。

このような、業務時間内にできるオフタイムコミュニケーションはいくらでもある。飲みだけに固執するのではなく、相手の価値観やライフスタイルに応じてオフタイムコミュニケーションを増やしていきたい。

「本音と建前」

これは、いつの時代にも、どこの世界にも(ドラクエの世界にさえ)存在する不可避なテーマである。本音だけでも、建前だけでも仕事は回らない。優秀なリーダーは、関係者の本音の部分をうまく引き出して気を回しつつ、建前とバランスをとって物事を進める。

そのためには、「昼」「夜」、「オン」「オフ」シーンをうまく使い分けてコミュニケーションを図ろう。

<Business Point>

オフタイムコミュニケーション

「実は……私たち、本当のことを言うとアリアの購買システムを導入したいんです」

林は舞子の目をじっと見た。堀口も大きく頷いている。2人は同意見のようだ。

「今使っているパッケージはもはや時代遅れ。機能が足りていなくてユーザーの評判も悪いですし、ベンダーの対応も正直悪い。我々現場はなんとかしたいんですよ」

ため息まじりに本音を語る林。

「運用・保守もアリアと統合して巻き取ってもらえれば、ウチとしても大助かりですわ。体制も予算もスリムにできる」

堀口も加勢する。生ハムのサラダが運ばれてきた。ルッコラの緑が目に優しい。

「では、どうしてあの場では反対されたんですか？」

あの場とは、ついさっき舞子たち3人がいた打ち合わせコーナーのことだ。

「室長がね。佐原さんが気乗りしていないんですよ……」

林はグラスの底に残っていたビールを飲み干した。続ける。

「新しいことに手を出したがらないんです。ここ最近は特にひどいよね」

堀口にボールがトスされる。

「先週も、人事部が新しいクラウドサービスの導入を室長に相談したらしいんですよ。でもあえなく却下。『あと2年くらい市場動向と評判を見て判断しましょう』って」

サラダを3つの小皿に取り分けながら、堀口は淡々と語った。

「なんで、2年なんですかね？」

舞子は疑問に思った。

「任期ですよ、任期。佐原さんのここでのお勤め期間は、長くてあと2年。それまではリスクを取りたくない。『無傷』で本体（アリア）に戻りたいんじゃないですか？」

――これまた、ウチの会社らしいよく聞く話だ。まったく、高給取りのクセに使えないお偉いさんばかりだ……。

「そういえば、佐原室長は、購買部の能見部長には従順だと聞いたのですが……」

舞子は、同期の馬堀から聞きかじった情報をぶつけてみた。少しばかりの誇張をスパイスして。こういうとき、アルコールが入っていると率直に切り出しやすい。

「舞子さん、よくご存知！　そうなんです。2人は、大学の陸上部の先輩後輩の間柄らしいんですよ。なので佐原さんは能見さんには頭が上がらないってウワサですよ」

堀口はあっけらかんと返した。いつのまにか、舞子は「並木さん」ではなくなっていた。

――なるほど。ということは、購買部にもアプローチしてこちらの味方につけておいて、能見部長からプレッシャーかけてもらったほうがよさそうね。

舞子は、シャンディガフの入ったグラスを傾けながら、次の一手を考え始めていた。

「最後にもう一度お聞きします。お2人は、今の購買システムを捨てて、新システム導入にチャレンジしたい。答えはイエスですね？」

2人は揃って、大きく「はい」と答えた。

第12話　炎の敵に「火炎系」の呪文は利かない！ ～コミュニケーションのとり方は一辺倒ではダメ

月曜日。出張明けの舞子は、いつもより1時間以上早く出社した。パソコンを立ち上げようとしたそのとき、部長の金沢《かなざわ》から声をかけられた。

「並木さん、ちょっといいかな？」

「は、はい……」

金沢の手招きに応じ、舞子は奥の応接室に向かう。たまったメールボックスが気になるが、仕方がない。

ソファで金沢と向き合う。細モテでキリっとしており、細いフレームの眼鏡がよく似合う。若いころは相当モテたに違いない。舞子は、目の前のナイスミドル管理職の過去の姿を想像した。

「購買システムのグループ会社への展開は、衣笠君と一緒に検討してもらっているよね？」

「はい、先週、早速ナジミ倉庫を訪問し、林課長と堀口主任にドアノックをしてきました。課題はいろいろありそうですけれど……」

早速、本題を切り出す金沢。舞子はそのまま答える。「衣笠さん、私に丸投げですけどね……」と言おうと思ったが、やめておいた。

「なるほど。ところで、ナジミ倉庫がうちの購買システムを使うとなった場合、購買システム運用チームはあと何人必要かな？　グループ各社に展開した場合、どれだけの運用体制とコストがかかるのかを見積もっておく必要があってね」

淡々と伝える金沢。続ける。

「今、並木さんのチームは3人だったよね。間もなく新入社員が加わるから4人か。グループ会社が1社増えたとして、何人追加すれば運用が回ると思う？」

なかなか難しい質問だ。舞子は天井を仰いで考え出した。

「そうですね……。今、アリア本体だけの運用でもかなりアップアップですからね……」

「今、なんでそんなに忙しいのか教えてもらえる？」

「はい」

舞子はありのままを説明した。バグがとても多くて、運用対処に時間がかかっていること。ユーザークレームや問い合わせもすごく多く、バグの根本原因の特定や解決策の検討ができていないこと。現場の大変さを訴えた。

「ううん。クレームがとても多いって言うけれど、どれくらい発生しているの？」

金沢は質問した。必死に説明する舞子を、クールに見据えたまま。

「ええと、そうですね……」

「たとえば、1日当たりどれくらいとか？　週当たり何時間くらい対応にかかっているとか？」

舞子が答えやすいよう助け舟を出しているつもりなのだろうが、それが舞子には重苦しかった。俯く舞子。

「新入社員が加わったら、メンバーの残業時間はあと何時間くらい減りそうかな？」

「……それは、やってみないとなんとも……」

まったく会話になっていない。舞子は唇を噛み締めた。

「急がないから、改めて報告してもらえますか？」

「は、はい……」

とりあえず、その場はお開きになった。

＊＊＊

帰宅した舞子。ほっと一息つきながら、ドラクエⅢの旅を続ける。

今日も朝からいろいろあったが、画面の中のパーティーは何事もなかったかのように無邪気に行進している。

――いやー。参ったな。今までの上司は、なんとなくの説明で仕事の状況や大変さをわかってくれたけれど、金沢さんは勝手が違うようだ。そういえば数学科の出身だって、誰かが言ってたっけ。数字に細かいタイプなのかもしれない。

気が付くと仕事のことを考えている。いかん、いかん。今はゲームに集中して仕事のことは忘れよう。


『チャラララ、チャッチャヤッチャー♪』

テレビのスピーカから軽快なメロディーが流れる。パーティーの1人、魔法使いのレベルが上がったようだ。新たに、吹雪の呪文を覚えた。やった！　舞子はひとりでガッツポーズをした。この呪文は結構強力なハズだ。ところが、次の戦闘シーンにて……。

「え。何よこれ、まったく効かないじゃないの！　どういうこと？」

覚えたての吹雪の呪文。早速、使ってみたが、モンスターにまったくダメージを与えられない。強力どころか無力だ。勇者まいこたちは、命からがら逃げ出した。

舞子はすっかり忘れていた。相手によって効く呪文と、効かない呪文があるのだ。今戦っていたのは、氷の形をした魔神。氷のモンスターに吹雪を浴びせても、相手は痛くも痒くもない。炎の呪文を唱えるべきだったのだ。

「あ、もしかして……そういうこと？」

舞子は、また何かに気が付いたようだ。

解説

相手によってプレゼンのスタイルを変える

ドラクエの攻撃呪文(魔法)は、大きく炎を放つ「火炎系」の呪文と、吹雪などを発生させる「吹雪系」の2パターンがある。それぞれの呪文は、モンスターとの相性があり、相手によってはまったく効かないことがある。

たとえば、火の化け物のようなモンスターには火炎系の呪文は効かない。炎への耐性があるためだ。逆も然りで、氷の魔人のようなモンスターには吹雪系の呪文を唱えてもダメージを与えることができないのだ。炎の魔物には吹雪を、氷の魔物には火を浴びせるべきだ。

この発想は、ビジネスコミュニケーションにおいても重要である。

上司やお客さんとの間で、こんな経験はないだろうか?

一生懸命、数字やグラフを揃えた裏付けバッチリの資料を作ったのに、「細かいことはどうでもいいからさ」と言われてしまった。反対に、感情と思いを込めて熱弁したが、「で、数字見せてよ」とクールな一言を放たれて撃沈した。

「ええ!?　前に他の人に説明したときには、うまくいったのに……」

Aさんには通じたのに、Bさんの心はまったく動かせない！

それもそのはず。相手の思考パターンによって、どんなコミュニケーションが心地よいかは異なるためである。

相手の思考パターンを知るための方法論は、世の中にいくつか存在する。

「ハーマンモデル」もそのうちの1つだ。

ハーマンモデルとは、GEの能力開発センター所長であったネッド・ハーマンが開発した、人の「利き脳」を知るための手法で

◉ハーマンの全脳モデル

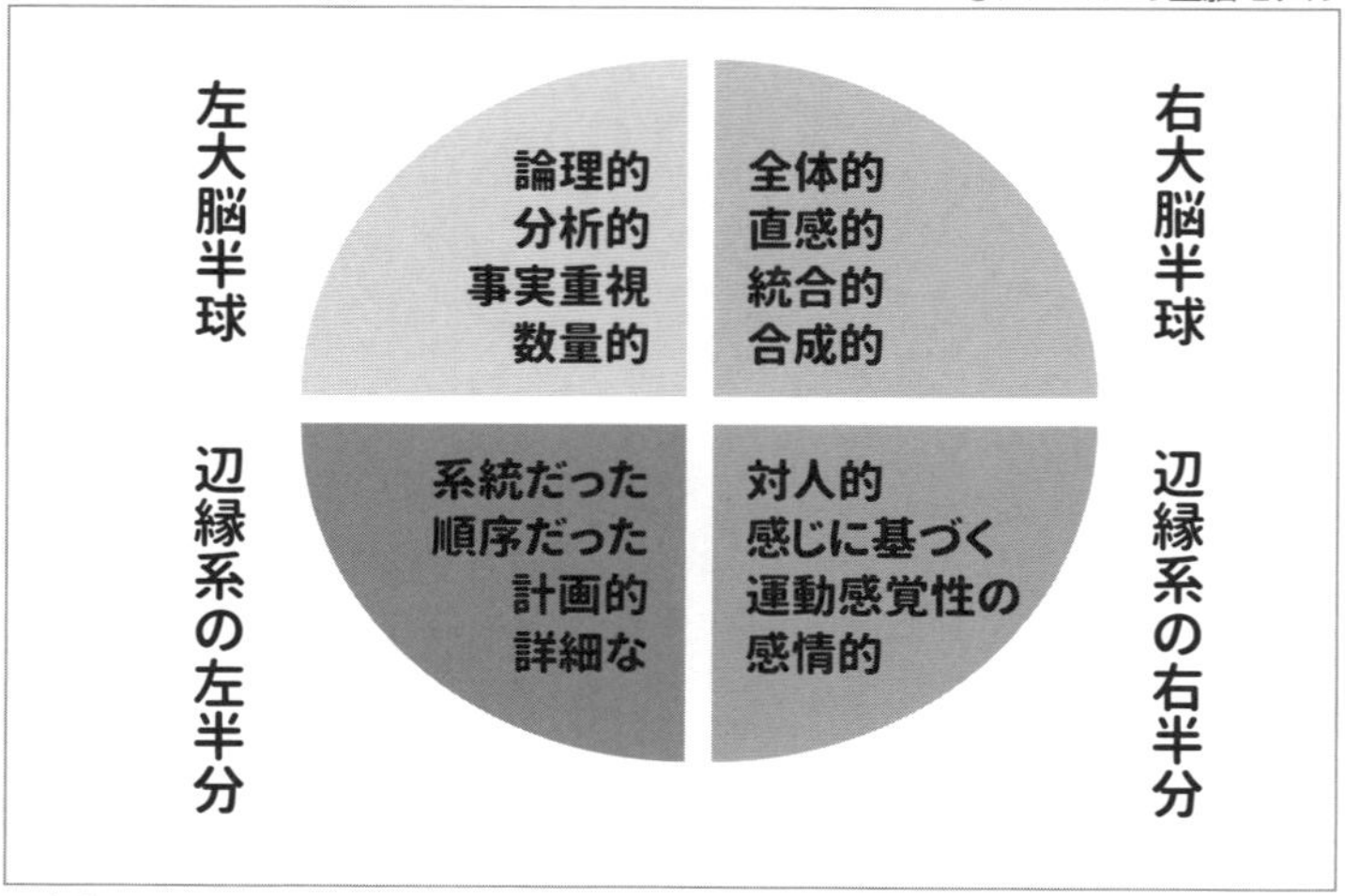

※出典：ハーマン・インターナショナル・ジャパン 公式サイト

ある。

ハーマンによると、人間の脳は大きく4つの部位に分けられ、どの部分が優勢かによって思考パターンが異なるとのことである(これを「利き脳」と呼んでいる)。

相手の利き脳、すなわち思考パターンを知り、相手にとって心地の良い説明をする(理詰めの説明がいいのか、エモーショナルなプレゼンが効くのか?)。あるいは、相手に応じて説明者を変える。これも、コミュニケーションを円滑に行うためのコツである。

思考パターンの診断テストは、インターネットでも提供されている。メンバーやビジネスパートナーの思考パターンを調べてみるといい。

あなたはどんな相手にも同じスタイルのプレゼンテーションを貫き通そうとしていないだろうか? 相手の思考パターンに応じた、柔軟なアプローチをできるようにしたい。

<Business Point>

ハーマンモデル

「ところで、ウチのメンバーの思考パターンってどんなかしら？」

缶チューハイを片手につぶやく、舞子。

アーサー。彼は理系かつ開発出身だけに、データや数字を使った説明が得意のようだ。

一方、すけさんは相手の感情を受け止め、共感し、感情的なアプローチで包み込むのが得意な印象を受ける。

上司の衣笠さんはどうだろう？　どちらかといえばエモーション優勢な感じがする。

「ユーザーのクレーム対応なんかも、相手のタイプによってアーサーにお願いするか、すけさんにやってもらうか、考えてアサインしたほうが効率的かもしれないな……」

ドラクエの旅は、まだまだ続く。

第3章

育成

第13話　まずスライムを倒せるようになる〜新人教育の第一歩

「はじめまして。日野秋菜《ひのあきな》と申します。今日からよろしくお願いします！」

週明け。職場の空気が少し明るくなった。舞子のチームに新入社員が配属になったのだ。

大学を卒業したての文系女子。若い子が1人いるだけで、景色が変わる。

舞子は、人事部から渡された申し送りメモをチラ見した。

『日野秋菜。愛想よく、コミュニケーションにも問題は見られない。ただし、指示待ちで、他責傾向。おっとり、のんびりしたところがある』

——うん。いかにもいまどきの新入社員といった感じだな。

ひとまず、指導はアーサーに任せようと思って振り向く。が、肝心のアーサーの姿がない。

そのとき、オフィスの扉が勢いよく開いた。

「すみません！　舞子さん、また寝坊しましたっ！」

髪をふり乱して自席に滑り込むアーサー。舞子の頭に血が上る。

「あのね。アーサー、今月これで何度目？　新入社員の日野さんも来たんだし、いい加減しっかりしなさいよ！」

怒号がフロアに響き渡った。課長代理の突然の剣幕に、ポカンとするアキナ。でも次の瞬間……。

「わぁ。なんだか、ドラマのワンシーンを見ているみたいです♪」

すぐに、ニコニコと微笑んだ。その無邪気さに、舞子もそれ以上、怒るのをやめた。

「アキナちゃん、まずはこの遅刻センパイについて、基本的な仕事を覚えてもらえるかな?」

優しいトーンで接する舞子。

「はい！　頑張ります！」

こうして、新しい仲間が加わった。

ところが、その日の夕方……。

「舞子さん……わたし……この仕事ムリです！」

アキナは、今にも泣き出しそうな顔で、舞子のところにやってきた。

いったい何があったというのだろう？

舞子はキーボードを打つ手を止めて、話を聞こうとした。が、アキナはそのままフロアを飛び出して、どこかへ行ってしまった。

え？　え？　まったく状況が飲み込めない。舞子はアーサーを手招きした。

「ねえ、いったい彼女に何があったの？　説明して」

「あ……、えーと、手始めにユーザー対応をやってもらおうと思って、電話の応対をしてもらってたんですけどね」

ポリポリと頭を掻きながら説明するアーサー。それだけで泣いて飛び出す事態になるとは思えない。

「最初は、楽しそうに対応していたんですよ。なので、大丈夫かなと思いましてね……それで……」

「それで？」

舞子は、問いただすように復唱した。

「ついさっき、また電話が入ったんです。品質保証部の狩場《かりば》さんから……」

その名前を聞いた瞬間、舞子は背筋がゾゾっとなった。泣く子も黙る狩場課長。情報システム部内、いや、社内でも超が付くほど有名なクレーマーだ。よりによって配属初日から厄介な相手に当たったものだ。

「で、狩場さんの対応もそのままアキナにやらせちゃったってわけ？」

「ええ。僕も面倒くさいクレーマーの対応は苦手ですし、新人ならフレッシュさで乗り切れるかな～なんて……」

アーサーの目が泳ぐ。舞子は、あからさまに大きなため息をついた。

「あのさ……、レベル１の新入社員にいきなりそれは厳しすぎやしないかい？」

「やっぱりそうっすかねぇ。いい経験になると思ったんですが……」

もういいわ、私がなんとかする。そう言って、舞子もフロアを飛び出した。

解説

小さな成功体験をさせる

ドラクエをプレイするとき、いきなりラスボス（最後の敵）に戦いを挑む人はいないだろう（そもそもラスボスの居場所はスタート地点から遠く、いきなり接見できないが）。

まずは、最初のお城や町の近くに現われる、スライムなどの弱いモンスターとひたすら戦う。そうして戦い方を覚え、レベルを上げつつ次の町を目指し、より強い敵と戦う。新たな謎解きにチャレンジする。それを繰り返して、ようやくラスボスと戦えるようになる。

すっ飛ばして先を目指そうとしても、強敵に行く手を阻まれコテンパンにやられるだけだ。背伸びは禁物。ドラクエの鉄則だ。

この鉄則は、ビジネスの現場の新人教育にも当てはまる。

あなたはいきなりラスボス級の仕事を丸投げして、新入社員を途方に暮れさせていないだろうか？

もちろん、業種や職種によってはそれが新人の早期立ち上げの最適解かもしれない。しかし、新入社員の特性も時代により、人によりさまざまだ。相手の性格や力量をしっかり見て、サポートしてあげられるよう配慮したい。

「まず、スライムを倒せるようになろう」

このように、達成可能かつ現実的な目標を設定し、着実に成功体験を積ませる。反復させ、基本的な仕事のやり方を理解させて、次のステップに導く。この設計と誘導こそ、新入社員育成の要と言えよう。

東京・渋谷区に本社を置く若手専門の人材育成の会社、株式会社ファーストキャリア（http://firstcareer.co.jp）。同社のレポートでは、新入社員を育成する際の留意点を次のように述べている。

『「本人次第」で放任すると、なかなか積み上がらない。周囲が「ポジティブｏｒネガティブ」どちらでとらえるかで、ポテンシャル発揮が左右される』

リーダーが新入社員にろくな指示もしなければ、指針すら示していないのに「今年の新入社員は指示待ちだ」と嘆いているシーンをたまに見かける。さらにはボスキャラ級の難しい仕事を丸投げする。それはあんまりであろう。

新人にいきなりボスキャラと戦わせるのは無謀だ。まずは簡単な仕事をクリアさせ、成功体験を身に付けさせよう。そのためには、しっかりとしたフォローが欠かせない。

<Business Point>

小さな成功体験をさせる

「あ、やっぱりここにいた」

アキナを探し出すのに時間はかからなかった。
オフィスの裏の小さな公園。そのベンチに座って、アキナはぼーっと空を眺めていた。
舞子自身、仕事で悲しい目にあったとき、上司に苛立ってキレそうになったとき、いつもここに来る。だから、アキナもきっとここにいるだろうと、すぐ見当がついたのだ。

「まずさ、スライムを倒せるようになろうか？」

いつになく優しい言葉を発する舞子。アキナの横に腰掛け、2人並んで真正面の生垣を見つめる。

「スライム…ですか？」

アキナは舞子の目を覗き込む。うんと小さく頷く舞子。

「今日は、いきなりボスキャラみたいなのが出てきちゃってつらかったよね。アキナは、まずはスライムを倒せるようになろう。で、スライムってのはね……」

舞子は購買システム運用チームにおけるスライムとは何かを説明した。メールの問い合わせ対応。これがスライムだ。アキナには、まずメールの対応を確実にこなせるようになってもらう。

メールであれば、自分のペースできちんと考えながら、周りの先輩にアドバイスをもらいながら進められるし、今日のようにいきなりパニックになることもない。

「まずはスライムですね。わかりました！　頑張ります！」

アキナは笑顔ですくっと立ち上がった。アスファルトの地面には2人の影が、気の早い夕陽に映し出され、静かに揺れていた。

第14話　「何ターンで倒せたか？」～スキルと効率を定量的に測る

舞子のチームに配属になった、新入社員・日野秋菜（アキナ）。

初日はいきなりクレーマーの電話対応でめげそうになったものの、舞子の取り計らいでなんとか事なきを得た。電話対応は少々厳しそうだったので、アキナにはしばらくはメールでのユーザー対応（問い合わせ、申請、クレーム対応など）をやってもらうことにした。今日は朝からニコニコとメールを打っている。


「アキナには優しいんすね、舞子さん。俺にももっとソフトに接してほしいなぁ……」

今朝も遅刻したアーサーが、減らず口を叩く。

「あんたね。そういうことは、ちゃんと朝出社してから言いなさい！」

『やべ。ヤブヘビだった』そう言いたげな表情で、アーサーは舞子から目をそらした。


アキナの仕事のやり方を見ていて、1つ気になることがあった。

やり取りが多すぎるのだ。

パスワード忘れ、ユーザーの属性情報の変更など、簡易な問い合わせに対して何度もメールをやり取りしている。これでは相手(ユーザー)ももどかしい。

もちろん、一発で決められることもあるようなのだが、どうもムラがある。

——これでは非効率だし、なかなか成長しないな……。

舞子はアキナの後ろに立って腕組みする。

これから舞子のチームは、購買システムのグループ会社展開などの大イベントも控えている。アキナにも、早く成長して戦力になってほしい。

——ううむ。どう指導したものか……。

帰り道。舞子は月明かりを背に受けながら、考えあぐねた。

＊＊＊

答えが出ぬまま、自宅にたどり着く。

今日のお仕事終了！　シャワーを浴び、身も心も普段着に着替える。

さて、ドラクエⅢの続きをやろう。

パーティー4人のレベルもだいぶ上がり、格段に強くなってきた。

敵と出会う。大きなこん棒を持った巨大モンスターが2匹、画面いっぱいに現われた。

つい2、3日前まではこのモンスターを倒すのに6ターンくらいかかったが、いつのまにやら3ターンで倒せるようになっていた。あっさり戦闘終了。パーティーの成長を実感する。

「ん、そういえば……!?」

ふとつぶやく舞子。

「アキナはユーザー対応……何ターンで終えられているのかしら?」

舞子は飲みかけの梅酒ソーダを片手に、天井を仰いだ。

解説

PDCAサイクル

ドラクエの戦闘シーンは、「味方の攻撃⇓敵の攻撃」、または「敵の攻撃⇓味方の攻撃」のような敵味方双方の攻撃が順序良く繰り返される（どちらが先に攻撃を仕掛けられるかは、味方および敵の「すばやさ」などのパラメーターや時の運による）。

1回の攻撃のセットを「1ターン」と呼ぶ。

より少ないターン数で倒せたほうが、敵の攻撃を受けることもなく、体力も時間も消耗しない。すなわち、より効率的と言える。

同じ敵でも、パーティーのレベルが上がればそれだけ少ないターンで倒すことができるようになる。

「何ターンで倒せるようになったか？」

これは、パーティーの成長度合いを測る指標になり得るのだ。

この考え方は、ビジネスの現場でも大いに活用できる。

「何回の商談で、契約までこぎつけられるようになったか?」
「部内会議の資料を、何時間で終えられるようになったか?」
「何回のレスで、問い合わせに答えられるようになったか?」

数値化することで、業務の効率を測定することができるし、チームおよびメンバーが目指すべき目標も設定できる。

「ユーザー対応を何ターンで終えられたか?」

筆者はITオペレーションデスク/ヘルプデスクのマネージャーをしていたころ、そこにこだわった。

チーム全体の業務効率はもちろん、メンバーの成長度合いを測る指標にもなるからだ。なにより、これはユーザーの満足度にも直結する。ユーザーは何もヘルプデスクに問い合わせをしたくてしているわけではない(たまに、そういうマニアもいたが……)。より少ないやり取りで、相手の手を煩わせずに完了できるに越したことはないのだ。

『定義できないものは、管理できない。管理できないものは、測定できない。測定できないものは、改善できない』

ＰＤＣＡサイクルの生みの親としても有名な、W・エドワーズ・デミング博士の名言である。

何を測るかを定義し→管理し→測定し→改善する。部下を育成する上でも大事な観点だ。

あなたは部下の成長度合いを測定できているだろうか？

<Business Point>

定義→管理→測定→改善のサイクル

「2ターン以内でクローズできるようになろう」

翌日、朝イチで出社した舞子はアキナにこんな目標を課した。

パスワード忘れ、パスワード有効期限切れ、アカウントロックなどの高頻度かつ回答方法が決まっているものは1ターン（1回のメール）で、その他、相手の環境や状況をヒアリングしないと回答できないものは2ターンで完了する。

2ターンで終えるとなると、最初のターン（最初のメール）でいかに相手の状況を聞き出すかがポイントだ。社員番号、PCの機種番号、使用ブラウザの種類やバージョン……他にもあるだろう。アキナなりに考え、どうしたら2ターンでクローズできるようになるかを考えてほしい。

「概ね2ターンで答えられるようになったら、レベルアップ！　もう少し難易度の高い仕事をお願いするわ」

舞子の頭の中に、ドラクエの戦闘シーンが蘇る。

「はい。頑張ります！」

アキナは笑顔で舞子の期待を受け止めた。

「アーサー、アキナが何ターンで対応できているかちゃんと見てあげてね。あなたに任せたから！」

これで、アーサーもいよいよ遅刻できまい。舞子はフフフと笑って、慌て気味のアーサーを見た。

第15話　はい、いいえで答えさせられているか？ ～2つのタイプの質問を使いこなす

新入社員アキナの育成を、主任のアーサーに任せた舞子。

その日の夕方、早速、アーサーを応接室に呼び出した。今後の育成方針を聞くためだ。テーブルを挟んで向き合う課長代理と主任。

「でさ、アーサーはアキナをどうやって育成していくつもりなの？　方針を聞かせてちょうだい」

舞子は深すぎるソファから身を乗り出して、脚を組む。

「ううん。方針って言われても……」

アーサーはそのまま俯いて黙り込んでしまった。

「なんかあるでしょ？　こういう知識を身に付けさせたいとか、どこまで本人の自主性に任せて、どんなときに助け船を出すとか、そのためにどういうやり方をするかとか……」

舞子はさらに前のめりでまくし立てる。

「そうっすねぇ……。正直、俺も今までちゃんとした教育って受けたことないような気がす

るんですよ。なので、方針って言われても、なんかピンと来ないんすよねぇ……」

困り顔のアーサー。腕組みして、宙に顔を向ける。2人は再び黙ってしまった。その沈黙を、夕焼け小焼けのメロディーが軽やかに破る。5時だ。開発チームとの定例会議に出席しなくては。

「続きは明日の朝やろう。自分なりにしっかり考えておいて。あ、遅刻しないように!」

舞子は慌てて席を立ち、応接室を去った。

＊＊＊

「アーサーの気持ちもわからなくはないけど、もう少し先輩社員として自覚を持って考えてほしいもんだわ」

今日も遅くに帰宅して、風呂から上がった舞子。ブツブツいいながらドラクエのカートリッジをファミコン本体に差し込んだ。一日の締めは、やはり缶ビールとドラクエに限る。

昼間の険しい表情はどこへやら、舞子はニコニコ顔でファミコンのコントローラーを握った。

勇者まいことその一団(パーティー)は、また1つ謎解きを終えて次の町にたどり着く。

新しい町に着いて、まずやることは決まっている。情報収集だ。

くまなく歩き回り、街の人々や旅人、時に牢屋の囚人や動物にまで(?)、とにかく話しかけて冒険のヒントを得る。これがドラクエの旅の醍醐味でもある。

一方的に情報をくれる人もいる。そうかと思えば、質問を浴びせてくる人もいる。

「王様に呼ばれてきたのか?」

「たとえひとりでも戦う勇気がお前にはあるか?」

「売っているものを見ますか?」

ときに、

「あら素敵なお兄さん!　ねえ ○○○○しましょっ。いいでしょ?」

なんて艶やかな問いかけまで……。

プレイヤーは画面に表示される「はい」「いいえ」いずれかのコマンドを選んで会話を進める。

――ドラクエの世界のコミュニケーションって、シンプルでいいよね。

座卓に頬杖をつきながら、舞子はしみじみ思った。

画面の「はい」を選択しようとした瞬間、舞子は、はたと気付いた。

「ああ、そうか！　こういう聞き方をしてあげれば、メンバーは悩まなくて済むかもしれない……」

夜の町は、今日も静かに更けていく。

解説

オープン質問とクローズ質問

質問には2つのタイプがある。「オープン質問」「クローズ質問」だ。部下の育成を促す上で、相手のタイプや成長度合いに応じてこの2つの質問を使い分けて接してあげると効果的だ。

「オープン質問」とは?

相手に自由に考えさせ、答えさせる質問形式を「オープン質問」と言う。

「どんなものが食べたいですか?」
「どこに問題があると思う?」
「あなたの考えを聞かせてほしい」
など。

自由な枠組みで、相手の意見や考え方を引き出すことができる一方、自由すぎて質問者と被質問者の考えている範囲や思惑のズレが大きかったり、相手が考えたり話すのが苦手なタイプだと意見を引き出せないデメリットもある。

そこでもう1つの質問形式、「クローズ質問」も駆使したい。

「クローズ質問」とは?

「はい」「いいえ」で答えられる選択式の質問(あるいは複数の選択肢から答えを選ばせる質問)を、「クローズ質問」と言う。

ダイレクトに結論を迫ることができるため、相手にとっても自分にとってもラクなコミュニケーションができる。とりわけ、考えたり言葉にするのが苦手な人を相手にする場合、相手も気付いていない観点や表現を与えることで、思考の明確化と決断を促すことができる。

部下の育成のみならず、お茶を濁してなかなか決めない上司に対して「では、このプロジェクトの予算は承認されたと考えていいですか?」「この内容でユーザーに回答します。いいですね?」など決断を迫ることもできる。

メンバーの特性や、職種の特性により、言語化を苦手とする人が多いチームもある。クローズ質問が効力を発揮するケースは多い。

ただし、デメリットもある。

1つは、質問者が示した考え方や枠組みに誘導しがちになってしまうこと。よってブレインストーミングなど、自由な意見やアイディア出しを目的とする対話には適さない。

2つ目は、クローズ質問ばかりを続けると、相手に圧迫感を与えてしまうことだ。

刑事ドラマの取り調べのシーンを思い浮かべてほしい。

「その時間、お前は大井埠頭の浜辺にいたんだよな?」

「そのとき、クルマで出かけていた、あっているな?」

「で、お前がやったんだな!」

クローズ質問の連続は、相手をまるで尋問されているような気持ちにさせる。

次ページの表に、オープン質問とクローズ質問のメリットとデメリットを並べてみた。

相手の性格や目的に応じて、2つの質問をうまく組み合わせて会話したい。

<Business Point>

「オープン質問」「クローズ質問」

◉2つのタイプの質問：メリットとデメリット

質問タイプ	メリット	デメリット
オープン質問	■自由な枠組みで、相手の意見や考え方を引き出すことができる。 ■相手にとって考えるトレーニングになる。	■質問者と被質問者の考えている範囲や思惑のズレがうまれやすい。 ■話がまとまりにくい。 ■相手が考えたり、話すのが苦手なタイプだと思考停止に……。
クローズ質問	■思考の明確化と決断を促すことができる。 ■考えたり、話すのが苦手なタイプの相手から意見を引き出すことができる。	■意見や判断を誘導しがちに。 ■多用すると相手に圧迫感を与える。 ■相手の考えるトレーニングにはなりにくい。

「どちらかというと、ＯＪＴ重視の方針でいきたいってことかしら？」

朝一番の応接室。舞子は再びアーサーと向き合った。寝坊すけアーサーも、今朝はさすが遅刻しなかった。偉い、偉い。……って当たり前なのだけれども。

「そうですね。それです、それ。ＯＪＴで鍛えていきたいと思っています。なぜなら……」

舞子のクローズ質問に対し、アーサーはハキハキと自分の意見を述べる。だいぶ頭も回るようになってきたようだ。クローズ質問、早速効果ありだ。

――いつも結論をぼやかそうとする、課長の衣笠さんにもどんどん使ってやろうかしら。

熱弁するアーサーを受け止めつつ、舞子はそんなことも考えていた。

第16話　「AI」が教えてくれたこと　～部下に背中を見せられているか？

新入社員、アキナのレベルが上がった。

今まで、アキナにはメールでのユーザー対応（問い合わせ・クレーム・申請対応など）のみを任せていたが、概ね目標＝「2ターン以内で対応を完了する」を達成できてきたため、電話対応もやってもらうことにした。

「ようやくレベル2ってところですかね？」

育成担当のアーサーも嬉しそうだ。ところがいざ電話対応を任せてみると……。

「はい。はい。そうなんですけどね。……ていうか、それ購買システムの仕様ですよね！　なんともなりませ～ん☆」

どうも言葉遣いやトーンが気になる。随分とフレンドリーな口調で話しているが、相手は誰なのだろう？　同期入社の仲間？　舞子は耳をそばだてた。アキナの会話は続く。

「さーぁ。わたしが入社する前に決まったことなので。それ、開発チームに言ってくださいよぉ～。お願いします、川上《かわかみ》さん☆　あはは！」

――か、か、川上さん!?　購買部の部長じゃないの！　この子ったら、ユーザー部門の部長相手になんて軽々しい口を……。

血の気が引く舞子。慌てて受話器を奪って電話を代わろうとするも、通話は終わっていた。時すでに遅し……。

「あのね、アキナ。他部署の部長さん相手に、その話し方はないんじゃないかな？」

アキナをたしなめる舞子。顔が引きつるのが自分でもわかる。しかし、アキナはきょとんとしている。

「でも川上さんも楽しそうに笑っていましたよ。『あはは、そうだね。おっしゃる通りだよね』って！」

いったい何が問題なんですか？と言わんばかりの表情ですましている。舞子は返す言葉がない。

そのとき、舞子のメールボックスに1通の電子メールが届いた。

差出人は……購買部の川上部長だ！　恐る恐る開封する。

「並木さん　お疲れ様です。購買部の川上です。新入社員の日野さん、新人らしく元気で無邪気なのはいいけれど、ちょっと言葉遣いや態度が気になりました。取引先など、社外の人にご迷惑をおかけする前に、指導なさったほうがいいかもしれません。老婆心ながら。　川上」

読み終わるが早いか、舞子はフロアを飛び出し一目散に購買部に向かった。

川上部長に平謝りし、自席に戻った舞子。改めてアキナと話をしなくては……と見回すも、あれ、アキナの姿がない。

「定時の鐘と同時に帰りましたよ。同期の女子会があるとかで……いいっすね。俺も混ざりたいな……」

アーサーがヘラヘラと答えた。あはは、そうですか、そうですか……。それは結構なことで。

舞子はただ笑うしかなかった。

「まったく、誰のために駆けずりまわっていたと思うのよ……！　とりゃっ、うりゃっ！」

＊＊＊

家に帰った舞子。またまたドラクエに興じる。今夜のお供はドラクエⅣ。行き場を失った怒りの矛先を、画面に現れたモンスターにぶつける。今日の舞子の攻撃はいつになく過激だ。

ドラクエⅣ（の最終章）では、ＡＩ（人工知能）を利用した自動戦闘が行われる。モンスターと遭遇した際、プレイヤーが指示できるのは主人公（勇者）のみで、他のメンバーはそれまでの戦闘経験をもとに自分で判断して攻撃する。

ところが、このＡＩの学習能力がちょっと困ったチャンで、なかなかプレイヤー泣かせなのである。

「だああ…！　このモンスターには呪文が効かないってのに、なんで呪文で攻撃しようとするのよ！　馬鹿！」

「こういうときは、まず守備力を上げる呪文を唱えなさいよ！」

「だから、こっちの敵から先に倒しなさいよ！」

なかなか思ったように学習してくれないし、動いてくれない。
二次元の相手に、思わず舞子は声を荒らげる。

……と、そこで舞子はふと思った。

「あれ。そういえば私……メンバーに『戦い方』、見せられているかな？」

解説

プレイングマネージャーの問題点

「背中を見せられる管理職が減っている」

先日、ある上場企業の事業部長がこう漏らしていた。このような問題意識を持つ経営者や上級管理職は少なくない。

「背中を見せる」とは実に文学的な表現だが、業務知識や技術の伝承から、その企業らしい判断や振る舞いを受け継ぐというような企業文化の伝承まで、幅広い意味合いを包含する。

そこには、管理職やリーダーの「プレイングマネージャー化」の問題が見え隠れする。

プレイングマネージャー。すなわち、マネージャー兼プレイヤー。管理職やリーダー職でありながら、メンバーと同列でのプレイも求められる。

本来、管理職とはプレイヤーを束ねる役割であるはずなのに、メンバーと肩を並べて日々の細かい仕事に追われてしまっている人は少なくない。

方針を示す。その企業らしさに基づいた判断をする。そのように、管理職としての役割をきちんと果たせているならまだいい。しかし、多くのプレイングマネージャーは「単なる1プレイヤー」になってしまっていないだろうか？　メンバーと横並びで、各々の仕事に没頭している状態。それでは、管理職としての視座も鍛えられないし、メンバーに背中を見せることもできない。

筆者は企業の購買部門に勤務した経験がある。若手のころから、取引先と価格や契約条件などの交渉をすることが多かった。ほとんどのケースが、取引先の営業担当者が複数名に対してこちらは自分ひとり。人手が足りないので仕方がないのだが、先輩社員や上司と一緒に交渉に臨んだ経験は数えるほどしかない。すなわち、背中を見る機会がなかった。

あるとき、ふと怖くなった。

「自分のやり方は果たして正しいのか？」「自分の振る舞いや言動は、当社にふさわしいと言えるだろうか？」「知らないうちに、コンプライアンスに反したことをしていないだろうか？」

まったく自信がない。

そこであるとき、思い切って上司にお願いした。

「明日の取引先との打ち合わせ、一緒に出ていただけませんか？　課長の交渉のやり方を見てみたいんです」

煙たがられながらも（上司も自分の仕事のプレイに忙しいので）、しぶしぶ承諾してもらった。

私はただ、上司の背中が見たかった。

プレイングマネージャー化は、ある意味で仕方がない。

今や、管理職がマネジメント業務だけに専念できるほど人手に余裕のある職場は少なく、かつ少子高齢化でプレイヤーの確保すら厳しくなってきている。よって、プレイングマネージャー化を批判するつもりはない。管理職が若手に背中を見せられていない。問題はそこだ。

『やってみせ、言って聞かせ、させてみせ、ほめてやらねば、人は動かじ』

連合艦隊司令長官・山本五十六《やまもといそろく》氏の名言である。

管理職やリーダーは、たとえプレイングマネージャーの立場であっても、時に若手のメンバーを自分の仕事の場に同席させる、あるいはメンバーのプレイの場に立ち会うなどして、知識や技、会社としてあるべき振る舞いや判断を自身のプレイを通じて「やってみせ」てほしい。知識や技術の伝承、「らしさ」の体現、部下から上司への内発的な敬意の醸成、コンプライアンス違反の防止……効果は計り知れない。

プレイングマネージャーだからこそ、見せられる背中があるのだ。

<Business Point>

プレイングマネージャー、背中を見せる

第17話　クーデターで投獄されたリーダー　～メンバーの声に耳を傾けているか？

「わしは、ここに町を作ろうと思いますのじゃ」

何もない原野にひとり佇み野望を語る老人。ドラクエⅢの旅先で出会う、重要人物の1人だ。

しかし、町を作るには商人の力が必要だと言う。勇者まいこは老人の熱意に押され、仲間のうちの1人、商人「しらたま」をその地に残していく。しらたまも、この地に骨を埋める覚悟があるようだ。苦楽の旅をともにしたメンバーとの別れは寂しいが、新たな町の発展は楽しみでもある。

原野は間もなく小さな村に、やがて町へと姿を変えた。

冒険の旅の合間、勇者まいこ一団が訪れるたび住民が1人、また1人と増え、町はどんどんと活気が溢れてくる。今では、しらたまは町の立派な長だ。名もなき町は、「しらたまバーク」と、創始者名を冠したものになっていた。

老人も、町の人々も、しらたまの手腕を高く評価し感謝している。かつての仲間が才覚を発揮し、成長している姿を見るのは嬉しい。

……ところが。その栄華も長くは続かない。

「しらたまのやり方はあんまりだ……」

「しらたまは、我々を働かせすぎる！」

少しずつ、しらたまのやり方に反感を持つ者が出てきているようだ。

――大丈夫かしら？

勇者まいこが心配していた矢先、事件は起こる。

クーデターが起きてしまった。英雄しらたまは捕らえれ、投獄されてしまう。

牢獄の中のしらたまは、静かにこう語る
「いやあ。私はみんなのためと思ってやってきたのですがこの有様です……」

そのやり取りを画面越しに眺めていて、舞子は少し不安になった。

「私……大丈夫かな？　ひとりで突っ走りすぎていないかしら……」

舞子は、去年、会社の研修で受けた「傾聴力強化」のテキストを引っ張り出し、パラパラとめくった。

解説

傾聴力の強化

新企画の実現、新しいプロジェクトの立ち上げ、炎上プロジェクトの火消し……いずれもリーダーの並々ならぬ推進力を必要とする。

確固とした信念を持ち、それをメンバーにびしっと示し、いかなるトラブルやコンフリクトにもひるまない。そして、物事をスピーディーかつ力強く判断していく。成功しているリーダーは、ブルドーザーのような牽引力とカリスマ性を兼ね備えていることが多い。

一方、独善的、独裁的になりすぎてしまうとチームプレイはうまくいかない。リーダーは時に町の人の声、すなわちメンバーの声に耳を傾け、意見や不満を汲み取る必要がある。

「傾聴力」「受け止め力」は近年、重視されているマネジメントキーワードだ。

これらのワードを冠した書籍が最近、書店の棚を賑わしている。あなたの勤務先も「傾聴力強化」「受け止め力強化」などの研修が行われているのではないか?

そこで語られているポイントは、次の3つに集約される。

■ポイント1：話しかけやすい雰囲気を作る

あなたはメンバーが気軽に声をかけやすい、相談しやすい雰囲気を作れているだろうか?

- いつも席にいない
- 常に慌ただしくしている
- 話しかけてもパソコンの画面を見つめたまま

これらは、話しかけにくい上司・先輩社員の行動トップ3である。


「困ったら、いつでも声をかけてくれ」

リーダーは、そのようなオーラを出していたい。

とはいえリーダーは忙しい。自身の業務効率化や業務分担などを工夫し、メンバーが話しかけやすいような時間の余裕を少しでも創出したい。

■ポイント2：「場」を作る

メンバーに話しかけられるのを、ただ受け身で待っていたのではダメだ。

よっぽど風通しのよい風土の職場ならまだしも、部下と上司の関係ではメンバーはなかなか自分から気軽にリーダーに話しかけにくいもの。ここは、リーダーが率先して会話するきっかけを作りたい。

- **会議の後のちょっとした隙間時間にお茶をする**
- **休み時間に自分から話しかける**
- **たまには飲みに行く**

こういったオフタイムコミュニケーションも大事である。

■ポイント3：復唱する

ポイント1、2の取り組みが功を奏し、ようやくメンバーがあなたに意見や相談を持ちかけてくれるようになった。しかし、ただ聞き流しているだけでは台なしである。

「あの人は、メンバーの話を聞いてくれない」

こうなって、メンバーは二度とあなたに話しかけなくなるだろう。きちんと相手を受け止める。「私はあなたを受け止めています」というメッセージを、言葉や態度で発信する。これが重要だ。

そのメッセージの1つに、復唱がある。相手の言ったことを復唱するだけで、相手は受け止めてもらえた印象を持つ。

メンバー「今よろしいですか？　今のプロジェクトの進め方で気になっていることがありまして……」
リーダー「気になっていること？　ちょっと話してみてよ……」
メンバー「はい、そうなんです。実は……」

こんな具合に復唱してあげるだけで、相手は次を話しやすくなる。
ただし、ただ機械的にオウム返しで復唱しているだけでは、逆効果になることもある。相手は「この人、私の話、真面目に聞いてくれているのかな？」と不安、不信になる。

- **プラスαの感情を示す言葉を添える（例：トラブルの対応完了報告ね。それはそれは、遅くまでしんどかったでしょう！）**

- **メモを取る**
- **提言を受けたなら、すぐ行動に移す**

このように、メンバーが投げたボールをハートでしっかり受け止めよう。

「傾聴力」「受け止め力」というと、ポイント3のようなコミュニケーションスキル面が力説されがちだ。しかし、スキルは所詮、コミュニケーションの道具に過ぎない。

それ以前に、メンバーが声をあげやすい雰囲気づくりこそが重要であり、それこそがリーダーの役割だ。

メンバーの持つさまざまな意見やものの見方、感じ方、考え方。それを引き出して、受け止め、チームの成果につなげる。ダイバーシティ（多様性）を活かすとは、そういうことだ。

<Business Point>

傾聴力、受け止め力

第18話　経験値評価とゴールド評価
～二面で部下を評価できているか？

「はぁ、事例発表ですか⁉……そんな仕事、頑張ったって評価されないですよね？　いまいち、やる気出ないよなぁ……」

主任のアーサーはあからさまに嫌そうな顔をした。舞子は返す言葉がなかった。


今日、朝イチで、舞子は広報チームの藤塚《ふじづか》課長代理からある相談を受けたのだった。

当社が参画する、機械装置産業の情報システム部門の交流会で事例発表をしてくれないかと。何でも、購買システムの運用を通じて得た気付きや改善事例を発表してほしいという。

「購買システムは今年立ち上がったばかりだし、フレッシュさもあっていいかと思いましてね。金沢さん（情報システム部長）もいいんじゃないかっておっしゃっているんですよ」

藤塚はさりげなく、部長の名前をちらつかせる。すでにトップに根回し済みか……。さすが広報チームだ。これは断るわけにはいかなそうだ。

舞子はしぶしぶ承諾した。で、その任務をアーサーに任せようとしたのだ。

「そもそも、俺プレゼンとか得意じゃないですし。勘弁してください……」

アーサーは抵抗を続ける。

確かに、どちらかといえば細かい作業が得意なアーサーに、事例発表は少々重荷か。

とはいえ、すけさんは職位と年齢の面で要件を満たしていない。藤塚からは、「20代後半から上、できれば主任以上の人に登壇してもらいたい」と言われていた。

――とはいえ、私や衣笠さんがやるのもなぁ。ううん。どうしよう。

気落ちするアーサーの横顔を前に、舞子は腕組みした。

＊＊＊

妙案が浮かばぬまま、一日が終わってしまった。

無理におだててアーサーを説得しても、いい結果にはつながらない。それよりも、別のアプローチを考えなくては……。舞子はブツブツいいながら、自宅マンションのエレベーターに乗った。

さて、昨日の冒険の続きだ。

舞子は今夜も、ドラクエⅢをファミコン本体にセットして電源スイッチを入れる。もはや毎日の習慣だ。

勇者まいことその一団は、今日も新たな土地を訪れ、新たな謎解きにチャレンジする。フィールドに出て間もなく、モンスターに遭遇した。戦闘画面に切り替わる。

「あ、はぐれメタルだ！」

舞子は、思わず声をあげた。

はぐれメタル。ドラクエをプレイしたことのある人なら、知らない人はいないお宝キャラだ。遭遇率が低く、かつなかなか倒せない強敵（＝素早さが高くてすぐ逃げる、守備力が高い）だ。倒した後、勇者たちが獲得できるゴールド（お金）は少ないものの、ずば抜けて高い経験値を得ることができる。

得られる経験値が高ければ、メンバーはより早く「レベル」を上げることができる。そして、攻撃力、守備力、賢さ、素早さなどがアップし、新たな呪文を覚えることもできる。

こいつは、何が何でも倒したい。コントローラーを握る舞子の両手に、ぐっと力が入る。

3匹現れたうち、2匹には逃げられたが1匹は倒すことができた。

メンバーはそれぞれ1万ちょっとの経験値を獲得。一気にレベルが上がった。

舞子は思わずガッツポーズを決める。

「ゴールド（お金）も大事だけれど、やっぱり経験値も大事だよね」

しみじみとつぶやく舞子。自分の発した声を聞いて、舞子は気が付いた。

「そうよ。ゴールドだけじゃなくて、経験値で評価してあげる仕組みも必要なのよ……」

解説

フロー評価とストック評価

ゴールド(お金)だけではなくて、経験値もきちんと稼ぐ。ドラクエの鉄則だ。

どんなにお金を稼いで良い武器や防具を買って身に付けたところで、経験値が低くてメンバーのレベルが低ければ、十分な体力や知力が備わっておらず、結果として強敵と戦うことはできない。すなわち、冒険の旅を続けることができない。

プレイヤーは、ゴールドと経験値の両方に気を配る必要があるのだ。

ゴールドと経験値。この2つの観点は、部下および組織の成長度合いや実力を評価する上でも重要だ。

「ゴールド」「経験値」はそのまま、「フロー」「ストック」という2つの言葉に置き換えられる。

フローとは一定期間に流れている量を、ストックは蓄積された量を言う。

水にたとえるなら、蛇口から一定時間に流れている量がフローで、下に置いたコップにたまった蓄積量がストックだ。

経済用語でもあり、企業をフロー（営業利益や営業キャッシュフローなど）とストック（純資産など）の2面で評価することもある。

社員や組織の業績評価を、「フロー評価」と「ストック評価」で行う企業もある。

フロー評価の対象項目の例

- 営業部門：売上金額、営業利益率など当期の利益に寄与するもの
- スタッフ部門：コスト削減額、オペレーション効率の改善度合い、ユーザー満足度など

要は、「ゴールドをどれだけ増やせたか？　使わずに済ませたか？」だ。

フロー評価の項目は、従来どの企業でも人事評価、業績評価の対象として扱われてきたものが多い。

一方、ストック評価とはどのようなものだろうか？

ストック評価の対象項目の例

- 新たに取得した資格、語学力、技術力、新たに取得した特許の数、組織内へのナレッジ共有度合い、など

いわば経験値評価。

組織が将来の稼ぎや新たな力を生み出すための蓄えを増やすのに、今どれだけ貢献しているかが評価対象になる。研究開発部門や長期のコスト削減プロジェクトなど、すぐには目に見えた売上・利益にはつながらないミッションを持った人や組織に対しては、ストックで評価してあげるべきであろう。売上・利益貢献に直結しにくい、スタッフ部門も然りだ。

そうでないと、冒頭のアーサーのように「その仕事は、やっても評価されない」と社員のモチベーションを下げることになり、長い目で見ると組織力の低下を招く。

リーダーは目先の利益だけではなく、ストックとフローの2面でメンバーの貢献度合いをしっかり評価したい。ゴールドだけでなく、経験値も大切なのだ。

<Business Point>

「フロー」と「ストック」

明くる日の朝。舞子は上司の衣笠に提言した。チームおよび個人の業績評価に、ストック評価も加えてほしいと。具体的には、事例発表のような組織の知の向上に貢献する取り組みも評価すべきだと。

今回のケースでは、発表者のアーサーをきちんと評価してあげたいし、また、それがきちんと評価されれば、すけさんやアキナのモチベーションアップにもつながる。もちろん、支援する舞子も本気になれる。また、個人個人が体験を知識化して共有する風土が生まれれば、組織力はより高まるに違いない。

「わかりました。今回の事例発表がうまくいったら、朝比奈君、そしてそれを支える皆にも加点することとしましょう」

衣笠の承諾が得られた。後で部長の金沢さんにも話をしておくとのことだった。なんとか、光が見えてきた。

舞子は応接室を出た、その足でアーサーの席に向かう。

「……というわけで人事評価の対象になったから、事例発表のプレゼンよろしく！」

突然の声がけに、きょとんとするアーサー。

「えええ……!?　全然、自信ないっすけど……、まぁ頑張ってみるかな……」

焦りつつ、まあ仕方ないかなといった顔に変わる。

よくよく考えれば、アーサーのプレゼンテーション能力を向上させるチャンスでもある。

経験値を上げる。これはやはり、組織にとっても個人にとっても大事なのだ。

第19話　「転職の神殿」に行く……のはまだ早い⁉

「事例発表など、知識共有の取り組みも人事評価の対象とする」

上長に認めさせた舞子。これで少しは、メンバーも業務効率化やナレッジ化に対する本気度合いが変わってくるだろう。舞子はほっと一息ついて帰宅した。

再び「ドラクエⅢ」を楽しむ。

小さなテレビ画面の中では、勇者まいこを先頭に、戦士、僧侶、魔法使いの4人パーティーが今日も元気に冒険の旅を繰り広げる。

このメンバーで唯一、戦士は呪文（魔法）を使うことができない。武器を使った戦闘を専門とする、肉体派の職業であるためだ。その一方で、攻撃力はずば抜けて高い。

「そうはいっても、呪文も使えるようになってほしいなぁ……」

舞子は眉間に人差し指を当てた。戦士の攻撃力の高さは魅力だが、いかんせん1対1でしか攻撃できないのがツラい。呪文を使えれば、一度に複数のモンスターを攻撃できるため戦闘効率が上がる。

「そうだ、転職させよう！」

決心した舞子。パーティーをある場所へ向かわせた。

ドラクエⅢには、「転職の神殿」なるものが存在する。そこへ行けば、メンバーの職業変更が可能だ。転職したメンバーは、元の職業で得た専門性を残しつつ、新たな専門性を得ることができる。

舞子は戦士を魔法使いに転職させることにした。攻撃力と素早さを保ちつつ、呪文を唱えられれば鬼に金棒。鼻歌まじりに、神殿の主に話しかけた。ところが……。

「まだ一人前の戦士になっていないというに……。未熟者の分際でもう職を変えたいとは何事じゃ！」

まさかの門前払い！

「しまった！　……ルールをすっかり忘れてた」

転職の神殿では、レベル20未満のメンバーの転職は受け付けてもらえない。戦士の今のレベルは16。修行して出直して来いというところか……。舞子は、そのまま地道に旅を続けることにした。

＊＊＊

次の月曜日の朝。

出社すると、主任のアーサーが浮かない表情でそわそわしていた。気になるな。舞子はコーヒーカップ片手に話しかけた。

「いやぁ……その。アキナが気になることを言っていましてね……」

新人のアキナにいったい何があったのだろう？

「休憩室で同期と会話しているところを、たまたま聞いちゃったんですけどね……」

そう前置いて、アーサーは続ける。

「ええっ、アキナが転職を⁉」

「しいっ、舞子さん、声が大きいです！」

主旨はこうだ。週末、アキナに転職斡旋のエージェントからスカウトメールが届いたとのこと。

HAPCOM Japanの営業のポジションとのこと。HAPCOMと言えば最近急成長している、インターネットサービスの新興企業だ。アキナは、自分にスカウトが来たことを同期に誇らしげに話し、「エントリーしようかな」と言っていたらしい。それでか。今日はアキナのテンションが妙に高い。

「でもそれってさ、私のところにもたまに届くけど、結構あてずっぽうなメールよね」

「ですよね……。特にHAPCOMみたいな急成長企業は増員に躍起でしょうから、未経験者にも手当たり次第スカウトメール送っているんじゃないっすかね……」

アーサーは同意する。やれやれ、アキナは「選ばれし者」のような勘違いをしているようだ。

「アキナ、ちょっといい？」

舞子は、浮かれ気味のアキナを応接室に呼び出した。

転職

「転職したい!」のその前に~あなたには十分な経験と能力が備わっているか?

「転職したい」

誰しも、一度はそう考えたことがあるのではないか。

転職支援サービスDODA《デューダ》の5000人のビジネスパーソン調査によると、約半数、すなわち2人に1人が「一度は転職を考えたことがある」と回答している。

ビジネスパーソンが転職を考える理由はさまざまだ。

「キャリアアップしたい」「高い収入を得たい」「やりがいを求めて」「ブラックな環境を脱したい」「仕事の内容がミスマッチ」「人間関係が悪い」など、ポジティブなものも、ネガティブなものもある。

転職サービスも充実し、以前に較べて転職の情報やチャンスが格段に増えた。ある程度の「目移り」もやむを得ない。しかし、安易な転職は当然リスクも伴う。とりわけ、短期間での転職は自分のキャリアやスキルダウンになることもあり、そもそも相手に受け入れてもらえない可能性も高い。

ものがたりのアキナの事例のように、未経験で応募できるポジションもある。その場合、「頭数揃えありき」の可能性もある。候補者の経験や専門性を評価しているとは限らない。当然、入社後のミスマッチが起こり得る。

「私がご支援した方で5年、7年と活躍されている方は、人柄がよく人間味溢れる方ばかりです」

ある外資系のリクルートエージェントのベテランコンサルタントの言葉だ。転職にも最後はやはり人間力が決め手になるという。なるほど、一定期間続けられる＝人間性の証明でもあるのかもしれない。ただし、職場環境があまりにブラックな場合はその限りではない。無理に頑張り続けて体調を崩しては元も子もない。第三者に相談して、対策を考えよう。

また、長く続けること＝専門知識や技術に精通できるとも限らない。日本には「石の上にも三年」なることわざがあり、最低三年続けることがよしとされる風潮があるが、能力の高い人は半年や一年で学習し、目覚しい成長を遂げる。

とはいえ、転職を検討すること自体にメリットもある

転職を検討すること自体にもメリットは十分ある。中でも大きなメリットは次の2つだ。

❶マーケット（世の中）を知る
❷自分をアップデートする

それぞれ詳しく見てみよう。

❶マーケット（世の中）を知る

転職サイトの自分の職種や業種の募集要項を見てみよう。

ただなんとなく眺めているだけでも、同じ職種や業種で、次のようなトレンドを知ることができる。

- 今、どんな人材が求められているのか？
- 今、どんな能力が必要とされているか？
- 今、どんな取り組みがホットなのか？

また、「今まで自分(たち)がなんとなくやってきた仕事って、世の中ではこういうキーワードで説明されているんだ」。これを知るだけでも、今後、自分や自チームの価値をより効果的に示す助けになる。

マーケットに照らし合わせてみる、世の中にアジャストする。これは、社内にこもっていてはできない。

❷自分をアップデートする

転職を考えること、イコール自分自身のアップデートでもある。

「この1年でどんな経験をしただろう？」

「どんな成功体験／失敗体験をして、そこから何を学んだか？」

「新たに身に付けたスキルや視点は？」

履歴書や職務経歴書までは書かずとも、転職サイトの募集案件で使われている言葉などを使いながらまとめてみるだけでも、自分自身のアップデートになる。

それは、自分の足りていないものを見出し、新たな成長目標を立てる行為にもつながる。

転職しなくとも、転職検討のプロセスそのものに十分価値があるのだ。

<Business Point>

転職

第20話　ある日、突然、パタっとならないように…

新人アキナの転職騒ぎも一件落着。舞子のケアで、アキナは気の迷いから目を覚ました。今は、落ち着いて仕事に取り組んでいる。

——やれやれ。いったい、どうなることかと思ったわ。

これからいよいよ忙しくなるのに、ここでメンバーに抜けられたらたまったものではない。帰り道、舞子は自分へのお疲れ様の意味を込め、缶ビールを買った。

「さ、続きをやろう♪」

マンションの自室に戻った舞子。ビールとおつまみを片手に、ドラクエⅢの世界に身を浸す。

勇者まいこ率いる4人パーティー。レベルも上がり、そこそこの強敵とも戦えるようになってきた。そうなると戦闘が面白くなり、どんどん強い敵に戦いを挑みたくなる。

ドラクエでは、各メンバーにHP（ヒットポイント＝体力）が割り当てられており、HPが0になるとそのメンバーは死んでしまう。プレイヤーは、体力回復の呪文を使ったり、町の宿屋に泊まったりして、メンバーのＨＰが０にならないよう気を配りながら旅を続ける必要がある。

「ドラクエの世界って不思議よね。残りＨＰが３００でも１でも、メンバーのパフォーマンスは変わらないし。ギリギリまで頑張れちゃう」

舞子の言う通り、ドラクエの世界の住人は体力全快状態でも、ＨＰ＝１の瀕死状態でも攻撃力や素早さなどのパフォーマンスは変わらないのだ。極限まで無茶できる。

＊＊＊

翌日。

じわりじわり、購買システム運用チームの仕事が忙しくなってきた。

先週、購買システムに新たな機能が追加された。リリースから一週間、徐々に初期トラブルが顕在化し、ユーザー影響が出てくる時期だ。

ユーザートラブル対応や運用対処は、すけさんの得意分野。購買部出身の3年目。業務に精通していることもあり、どうしてもメンバー一同すけさんを頼ってしまう。

その日も、アーサーとアキナは定時で帰宅したものの、舞子とすけさんは遅くまで残業していた。

「すけさん、ゴメン。残業続きになってしまっているけれど、大丈夫？」

栄養ドリンクを差し出しがてら、舞子は部下の様子をうかがう。

「僕は大丈夫ですよ。これでも学生時代は柔道やっていましたからね。体力には自信があるんです」

いつも僧侶のように穏やかな、すけさん。マイペースだが文句ひとつ言わず遅くまで頑張ってくれている。気が付けば、舞子とすけさんのみ深夜残業。そんな日がしばらく続いた。

＊＊＊

そして、ある朝。事件は突然起こる……。

その日、舞子は11時過ぎに出社した。朝イチでグループ会社に立ち寄っていたためだ。

フロアに到着した舞子。なんだかいつもと様子が違うことに気付く。すけさんの姿がない。

キョロキョロする舞子。

そこに、アキナがやって来た。

「舞子さん。大変です。朝、別所さんの奥様からお電話があって……。別所さん、通勤途中に目まいで倒れて入院しちゃったらしいです……」

「うそっ⁉　あの、すけさんが？　昨日までなんともなかったのに……」

アキナの言葉をにわかに信じられなかった。昨日の夜も「あはは、大丈夫ですよ」なんて言いながら、一緒に仕事していたのに。いったい、どうして⁉

舞子は顔からさーっと血の気が引くのを感じた。

解説

健康管理とメンタルヘルスケア

HPとMPの両方に気を配ろう

ドラクエの2大重要パラメーター、HP(ヒットポイント)とMP(マジックパワー)。HPは体力、MPは魔力である。HPはモンスターからの攻撃などでダメージを受けると消費し、MPは呪文(魔法)を唱えると消費する。いずれも数値で残量が示され、MPが0になると呪文を唱えられなくなり、HPが0になるとそのメンバーは死んでしまう。

これを現実の世界に置き換えてみると、HP=体力、MP=気力=メンタルタフネスととらえることができる。

リーダーは、自分自身を含むメンバーのHPとMPの両方に気を配る必要がある。

- 深夜残業や休日出勤続きで、HPが回復できない。

●無理難題を押し付けられ、叱責されてMPをすり減らしている。

あなたの部下は、そんな状況に追いこまれていないだろうか?

とりわけMPの問題、すなわちメンタルヘルスの問題は近年深刻化している。

独立行政法人労働政策研究・研修機構が2014年に実施した「日本人の就業実態に関する総合調査」によると、およそ4人に1人が過去3年間で何らかのメンタルヘルス上の不調を感じたことがあると回答している。さらに、メンタルヘルス不調になった人の13%が退職していることがわかった。

ドラクエと違い、現実世界では一度損なわれたMPはなかなか回復できない。メンバーがHPとMPをすり減らさないようにする。そのような環境づくりもリーダーの役割なのだ。

部下の「大丈夫です」は「大丈夫」じゃない!

「あ、僕は大丈夫ですから!」

そう言っている人に限って、ある日、突然、倒れてしまいがちだ。

意外と図太い性格の人でも、業務負荷がかかりすぎて突然メンタル不調になり、出社できなくなってしまった——そのようなケースを私自身もいくつも見てきている。

残念ながら、メンバーのストレス度合いはドラクエのHP、MPのように数字で知ることができない。

（ものがたりのアーサーのように）寝坊して遅刻したり、「無理です！」とアラートをあげたり、疲労の兆候を示してくれるメンバーならまだしも、すけさんのように黙々と頑張ってしまうメンバーは要注意だ（そして根が真面目な日本人は、すけさんタイプが多い）。

メンバーのストレスチェックとフォローもリーダーの役目。業務負荷の高いメンバーは強制して休ませるくらいのことも、時には必要だ。回復呪文（例：期待の言葉をかける、栄養ドリンクを差し入れる）のみに頼るのは危険。宿屋（自宅）でしっかり休ませて、HP、MPともに完全回復させよう。

中には、普段は我慢強くどんな攻撃にも耐えておとなしくしているけれど、ストレスをためるといきなり「爆発」する人もいるので要注意（ドラクエⅢ・Ⅳにもいましたよね。いきなり大爆発する、お騒がせモンスターが……）。

ストレスはなくならない～だから、「うまく付き合う方法」を考える

とはいえ、ストレスは決してゼロにはならない。

結婚、昇進、旅行のような一見ポジティブなイベントも心的ストレスになると言うのだから、ストレスはなくせないと考えたほうがいい。

ではどうすればよいか？　ストレスとうまく付き合う方法を考えるしかない。

「ストレス・コーピング」という理論がある。ストレスをなくすのではなく、受け止めてどう対処・活用するかにフォーカスした考え方だ。

ストレス対処コンサルタントの坂上隆之《さかうえたかゆき》氏は、著書「ワーキングストレスに向き合う力 ストレスコントロール手法〈コーピング〉でビジネスに強くなる」（日刊工業新聞社）の中で、ストレス・コーピングを次のように説明している。

● コーピングは『ストレス相手の合気道』
● ストレスは「消す」ものではなくて「活用」するもの

合気道のようなもの。なるほど、どうせ消せないのならその力を前向きに活用したほうがよい。

坂上氏は、企業の管理職を中心にストレス・コーピングの講義やトレーニングを行っている。

職場のストレスはなくならない。管理職やリーダーが中心となり、ストレスとどう向き合うか、付き合うかを考え、職場ぐるみで実践する。これも大事なマネジメントの1つだ。

<Business Point>

メンタルヘルス、ストレス・コーピング

第4章

業務効率化

第21話　最初はザコキャラと地道に戦う
～いきなり効率化を目指すべからず

始業前。フロアに電話の音が鳴り響いた。朝早くからいったい何だろう？　舞子は紅茶のペットボトルを片手に、受話器を取り上げた。

「はい、購買システム運用チーム　並木です」

「おはようございます。監視チームの王《わん》です。昨夜のバッチ処理が異常終了しましたのでお伝えします。経理システムに連携されなかった支払いデータがあります」

アリア機会の情報システム部では、システムの監視業務を中国のグループ子会社に委託している。システムの挙動や処理の異常を検知すると、こうして日本側の担当チームにエスカレーションしてくる。それにしても、バッチの異常終了とは。朝イチの電話に、ろくな知らせはない。舞子の爽やかな気持ちは、一気に吹っ飛んだ。

「あ、それよくあるヤツです。原因はよくわかんないっすけど、とりあえずバッチ再走行させればなんとかなっているので、今回もそうします」

息切れ切れに答えるアーサー。今朝も元気に、遅刻ギリで駆け込み出社なさった。

原因がわからないのは気持ち悪いが(アーサーはまったく気にしていない様子だが)、「いつもそうしている」とのこと。すでに王さんへの指示を済ませたと言う。ここはとりあえず、アーサーの言葉を信じよう。舞子はそれ以上考えるのを止めた。

＊＊＊

今日も朝からてんやわんやだった。朝イチのエスカレーションに始まり、新入社員アキナの育成面談。果てしなく長い開発会議からの、ユーザークレーム対応。やっと昼食にありつけた……と思ったら、課長の衣笠が面倒くさい突発オーダーを振ってきてひと悶着。

今夜もドラクエで嫌なこと忘れて、気持ちよく床に就こう。舞子はコントローラーを握った。間もなく戦闘画面に切り替わる。大して強くもないモンスターが5匹。そのうちの1匹は、どことなく衣笠に似ている。

「とりあえず、この程度のザコキャラには炎の呪文でも浴びせとこ。うりゃ！」

手早くコントローラーを操る舞子。すでに画面のどの位置に、どの呪文があるか左手の親指が覚えている。

——攻撃呪文って便利よねー。何も考えなくても、敵を一網打尽にしてくれるんだもの♪

ところが、今回はそうはいかなかった。1匹だけ、呪文が利かない強敵が混じっていたのだ。

すぐさま強力な攻撃呪文で反撃される。

ドギャッ！　フギャッ!!　バスバスバスッ!!!


痛々しいダメージ音。勇者まいこ率いるパーティーは、まさかの全滅！

「しまった、油断したー！」

深夜のワンルームマンションの一室。舞子の声とレクイエムの曲がむなしくハーモニー。

今日はもうやめだ。ふて腐れて、舞子はベッドに潜り込んだ。

「なんだか、すごく嫌な予感がするなぁ……」

胸騒ぎを抱えたまま、舞子は瞼を閉じた。

解説

効率化にはワナがある

システム化、マニュアル化、パターン化。効率化は、ビジネス現場の「呪文」ととらえることができる。

仕事は大きく2つの作業に分解できる。考える作業と、手を動かす作業だ。

システムは、考える作業と手を動かす作業の両方を代替してくれる。インプット（たとえば、元データや数値など）を与えれば、ボタンを押すだけで自動的にアウトプット（たとえば、グラフや印刷された帳票など）が出てくる。作業者が何かを考える必要も、手を動かす必要もない。

マニュアル化、パターン化は考える作業を省いてくれる。作業者は、とりあえずマニュアル通りの動きをすればよい。人の判断を挟む余地がない。

呪文は合理的だがリスクもある。人間の考える機会を奪う。そして、想定外の事象への対応力を奪ってしまうのだ。

その意味で、こなれた業務はさておき、立ち上げ間もない業務をいきなり効率化するのは得策ではない。

情報システムで言えば、リリース後、1シーズン回し終わるまでは個々のインシデントやトラブルとしっかりと向き合う。原因分析し、ある程度のパターンを洗い出した上で効率化する。そのほうが、チームに知見もたまる。

まずは出会うモンスターと地道に戦おう。その経験を積んで、「戦うべきか」「逃げるべきか」「効率化するべきか」が見えてくる。

ザコキャラでも、意外とゴールド（お金）や経験値をくれたり、貴重な宝を持っていたりするもの。いきなり効率化に走ってしまうと、宝を見失ってしまうかもしれない。

<Business Point>

効率化の落とし穴

舞子の胸騒ぎ。残念ながら杞憂には終わらなかった。

昨日、経理システムに連携されなかった支払いデータ。バッチ処理を再走行させたものの、またも異常終了した。

「しつこく、もう1回、再走行させれば今度こそは……」

「んなワケないでしょ！　横着しないで、とっとと原因分析しなさい！」

とことん呑気なアーサーを、舞子が諭す。

30分後、アーサーが問題の支払いデータを入手した。舞子以下、購買チームの4人全員で眺めてみる。見たところ、データそのものにおかしいところは見当たらない。

「取引先コードも取引先名称も一致していますし、注文書番号も異常なし。支払いタクトも正常。いったい何が悪さをしているんだか……」

腕組みするアーサーにつられて、舞子も腕組みする。こうして並ぶと、2人の仕草はどことなく似通っている。

「この取引先、新規っぽいですね。『クニサワ産業』……うーん、僕が購買部にいたころには聞いたことのない名前だなぁ」

さすが、すけさん。購買部出身だけあって取引先の名前には敏感だ。それを聞いたアキナは不思議そうな顔をした。

「あ、これ『クニサワ』って読むんですか？　へぇー、『クニ』ってこういう字もあるんだー」

無邪気に頷くアキナ。今のいままで、アキナがこの漢字を知らなかったこと自体が先輩3人にとって驚きだ。と、そこで3人は、はたと気付いた。

――あ……これって、もしかして、ひょっとすると……。

「禁止文字⁉」

取引先名称：國沢産業株式会社

旧字体の「國」が悪さをしている？

「でもおかしいですね。購買システムのデータベースも、取引先マスターも旧字体は禁止文字扱いにしていないようなんです。他にも『嶋﨑ソリューション』とか『髙島インフォテック』とかフツウに登録されていますし……」

アーサーの言うこともっともだ。現に、今の購買システムを立ち上げる際、旧システムからのデータ移行は難なく完了した。旧字体がNGなのであれば、移行ではじかれていたはずだ。舞子は、夜通しかかった去年の移行作業を思い出した。

「とりあえず、開発チームにエスカレーションしましょう」

言うが早いか、舞子は壁際の内線電話の受話器を持ち上げた。

原因が判明した。やはり犯人は旧字体の文字だった。開発チームの説明はこうだ。

・購買システムのデータベースもマスターも、旧字体は許容している。
・（連携先の）経理システムも旧字体は許容している。

「?? それなら、エラーになるハズないじゃない！」

舞子はいよいよ混乱してきた。ついつい攻め口調になる。

「それがですね。購買システムと経理システムとのインターフェースが問題なんです。経理システムにデータを送る際、文字チェックをかけているんです。そのチェック仕様が、旧字体を禁止文字扱いにしているんですね」

なるほど。新しいシステムを立ち上げる際、既存データの移行はうまくいったが、いざそのデータに動きを加えるとエラーになる。よくある話だ。

『嶋﨑ソリューション』も『髙島インフォテック』も、たまたまこれまで支払いがなかった（＝経理システムに連携する機会がなかった）。よってこの問題は発覚しなかったのだ。

――それって、リリース前のテスト段階で気付けていないとおかしいでしょ。そもそも、なんでそんなインターフェース仕様にしたのよ。何が「インターフェース仕様が問題なんです」よ！　おのれ、いけしゃあしゃあと……。

「状況はわかりました。とにかく、購買システム上にある旧字体の取引先データと契約データの件数を調べて連絡してちょうだい。すぐに！　対策はそれから考えるわ」

それだけ告げて、舞子は電話を切った。ふーっと深呼吸をし、振り返る。

「いい。私たちが運用している購買システムは、リリースしてまだ1年経っていないの」

打って変わった穏やかな口調に気圧される3人。背筋を伸ばして、舞子を見つめる。

「だから一足飛びはダメ。一つひとつのトラブルに向き合って、未知のものは原因をきちんと調べてつぶす。効率化は、それからよ」

舞子はメンバーと、そして自分自身に優しく言い聞かせた。

第22話 「まいこはレベルがあがった。じゅもんを1つおぼえた」

「なんかさ、僕のところにこんなクレームがきたんだけれど、ちょっと対応してもらえる?」
課長の衣笠の問いかけに、舞子はパソコンのキーを打つ手を止めた。

購買システムチームの繁忙期はわかりやすい。6月末、9月末、12月末、3月末。四半期が終わるタイミングだ。ユーザーの業務、すなわち購買部門の繁忙期に合わせてシステム運用部隊も忙しくなる。

とりわけ今年は購買新システム運用開始1年目。さまざまな未知のトラブル、問い合わせ、クレームや要望でより一層賑やかだ。

——まったく、なんでわざわざ衣笠さんにクレームを入れるのよ。現場の私たちに言いなさいよ。

心で毒づきながら、衣笠からのメール転送を待つ舞子。通常、ユーザーからの問い合わせやクレームは購買システム運用チームのグループメールに入る。課長代理の舞子以下4名が確認し対応する……のだが、時々こうして部課長に直接文句を言ってくるユーザーもいる。

「購買システムが分割支払いに対応していない。支払い手続きが煩雑で困る。なんとかしてくれ」

差出人は、浜松事業所の購買課の主任。淡々と窮状を伝えている。

アリア機械から取引先への支払いには大きく2つのパターンがある。一括支払いと分割支払いだ。分割支払いとは、1つの注文に対し、12回払いなど複数回の分割で支払いを完了するもの。ところが舞子たちが運用している購買システムは、なぜか分割支払いに対応していない。注文データ1件に対し、支払いは1件（1回）のみ。

この手の業務系の問い合わせ対応は、すけさんに任せている。舞子は立ち上がって、ずんぐり姿を探す。いない。トラブル対応で購買部に出かけたようだ。アーサーもアキナも絶賛電話対応中。

「仕方がない、私が対応するか……」

クレームの内容自体、珍しいものではない。これまでも何度も受けて対応してきた。

購買システムチームの対応方針は決まっている。

『システムの仕様です。あきらめてください』

舞子はすけさんが過去に出したメールを探し、手早くコピー＆ペーストして返した。5分で完了。ところが、その直後。衣笠のデスクの電話が鳴る。

「ねえ、並木さん。いったいどんな回答したの？　さっきの浜松の人、なんかすごい怒って電話してきたんだけど……誠意がないって」

とほほといった表情で、再び舞子に顔を向ける衣笠。

ユーザーの気持ちもわかる。とはいえ、なぜ自分をすっ飛ばしてわざわざ課長の衣笠に言うのか。舞子の怒りも増幅する。

「そうはいっても、これ仕様ですから。パッケージのつくりがそうなっているんです。それに、仕様を許可したのはあっち（購買部）でしょ？　なんで私たちが文句言われなきゃいけないんですか？」

まるで新入社員レベルの愚痴だとわかりつつ、舞子は自分を抑えられない。

「いったい、どうしろってのよ。もう！」

舞子はこれ見よがしに、机の上に置いたペットボトルの紅茶をがぶ飲みした。

＊＊＊

ドラクエの旅は今夜も続く。勇者まいこ一団は次々に強敵を倒し、新しい国、新しいお城、新しい町を渡り歩く。眠る前のひと時、会社でのイライラやモヤモヤを、ドラクエの世界の楽しい思い出で上書きする。それが舞子の日課だ。

ドラクエでは、すでに訪れた城、町、村を行き来しないと解けない謎がある。一度、訪れた土地は、瞬間移動の呪文「ルーラ」を使えば一瞬で飛んでいける。なんとも便利な世の中だ。

「たまには歩いて移動してみよっかな♪」

今日はまだまだ冒険を続けたい。そう思った舞子は、ルーラをキャンセルする。チーズ鱈を片手に、画面の中の仲間たちを右に左に操作。しばらく歩いた（歩かせた）そのとき、画面の端に黒いアイコンを見つけた。ほこらがある！

「え、こんなところにほこらがあったの？　見落としてたぁ……」

勇者まいこはすぐさま方向転換し、ほこらのアイコンに身を重ねる。

寄り道は有意義だった。ほこらの老人から貴重な情報を入手できた。そして宝も発見した。ルーラですっ飛ばさなくてよかった。たまには歩いてみるものだと実感する。

――ん、待てよ……。

「私、ルーラに走りすぎていたかも……」

舞子は握っていたコントローラーを腿の上に下ろし、ひとりつぶやいた。

解説

時にはユーザーやお客さんの意見にしっかり耳を傾ける

敵をワンオペで一網打尽にでき、場所移動も一瞬でできる呪文。ドラクエの旅の効率化に欠かせない。

便利である一方、呪文にはデメリットもある。

- モンスターの特性を把握できなくなる
- 人と出会うチャンスが減り、旅のヒントや宝を得る機会を失う
- 呪文が使えない状況で戦えなくなる
- 旅の目的を見失う

ビジネスの世界での呪文とはなんだろう？　システム化、マニュアル化、パターン化だ。ルーチン化して、自動化してしまえば仕事はラクになる。一方で、次のようなリスクもある。

- ユーザーやお客さんの特性やニーズを把握できなくなる
- 人と出会うチャンスが減り、改善や成長のためのヒントを得る機会を失う
- イレギュラー対応能力がなくなる
- その業務本来の目的を見失う

ルーチン対応で片付けようとせず、時にユーザーやお客さんの意見にしっかり耳を傾けよう。そこから得られる本音、そこで見つけた改善の芽は、チームの成長と価値向上の足がかりになる。

<Business Point>

効率化の落とし穴

「遠いところわざわざお越しいただきありがとうございます。さ、さ、応接室にどうぞ」

浜松事業所 購買課の峰岡《みねおか》主任。思いのほか、親切な人だった。あのクレーム文書からは到底想像できない。

「今まで、こうして地方事業所に足を運んで意見を聞いてくれた人が誰もいなかったもんで、嬉しいです」

なるほど。そんな背景もあって、相当フラストレーションがたまっていたのかもしれない。

「本当に申し訳ないと思います。しかし、今の購買システムのもととなっているパッケージソフトウェアの仕様制約で、すぐに変えることはできないのです……」

舞子は、少し体を前のめりにして事実を説明する。

「それは重々承知しています。通常期はなんとかできているんです。しかし、繁忙期や決算期はどうにもこうにも。分割支払いのために、注文データを1件1件ばらすのはとても手間がかかります。ミスも増えます。ここはお子さんを保育園に預けて、時短で働いている社員も多い。彼女たちを、なるべく早く帰してあげたい。そう思いましてね……」

切なげな表情で、峰岡は応接室の扉に目線を移した。この扉の向こうでは、女性スタッフたちが忙しく端末を叩いて契約書や注文書をさばいている。

「わかりました。何か良い方法がないか？　私たちなりに運用対処を考えてみます。もちろん、近い将来、機能追加で対応できないかも検討したいと思います。仕様元の、購買部さんと相談しますね」

そこで、峰岡とその横の課長の表情が変わった。

「えっ…並木さん、今なんておっしゃいました？」

「あ、はい？　ですから、仕様元の購買部さんと相談の上で……」

きょとんとする舞子。

「えっ、そうなんですか？　購買システムの仕様を決めたのって、てっきり並木さんたち情報システム部だと思っていました。それはそれは、本当に失礼いたしました……」

とたんに恐縮して、深々と頭を下げる峰岡とその上司。

なんたる勘違い！　でも、情報システムの世界ではよくあることだ。

浜松まで足を運んでよかった。ユーザーとの直接対話で、今後のシステム改修のための芽を拾うことができた。なにより、大きな誤解が解けた。心強い味方を得た。

さて、東京に戻ろう。アクトシティを抜け、新幹線の改札口へ急ぐ。峰岡からもらった「うなぎパイ」の手提げ袋が舞子の右手で振り子を描く。

走れば「ひかり」に間に合ったのだが、なぜか舞子はそうしなかった。なんだか今日は「こだま」で帰りたい気分だった。いつも「のぞみ」や「ひかり」ですっ飛ばしている季節の景色、今日はゆっくり眺めていたい、見つめていたい。

そもそも、購買システムは何のために作られたのか？　プロジェクト本来の目的はなんだったのか？　購買業務の効率化だろう。それを忘れて、舞子は自分たちの仕事を効率化することばかりにとらわれていた。そうではいけない。

『チャラララ、チャッチャャッチャー♪』

その瞬間、舞子の頭をお馴染みのあのメロディーが流れた。1つレベルが上がった気がした。掛川、静岡、新富士……「こだま」の車窓風景は丁寧に、しかし着実に東京に向かって流れて行く。

——やれやれ、呪文はしばらくお預けかな。

「マホトーン」

舞子は小声でつぶやきながら、カクテルのプルトップに指をかけた。

第23話　「ザコキャラを寄せ付けない呪文」に学ぶ
業務効率化のポイント

9月第3週目。舞子率いる、購買システム運用チームは繁忙期真っ盛り。半期の締めのこの時期、検収・支払いなどの業務処理が集中し、それに伴うトラブルも多い。大量トランザクションによる、バッチ処理の遅延もたびたび発生。都度、原因を調査し復旧対応をする。システム対応に輪をかけて骨を折るのが、ユーザー対応。

「パスワードを忘れてしまったのですけれど」「アカウントにロックがかかりました……」のような初歩的なものから、「検収のやり方がわからない」「締め処理の仕方を教えてください」など操作方法の問い合わせも。

「画面が見にくい」「発注取り消しの操作がわかりにくい」こんなありがたいクレームもいただく。

メンバー4名、とにかく目の前の仕事をひたすらさばいていくしかない。

ようやく今日の仕事を終え、ようやく家にたどり着く。すでに22時過ぎ。舞子は、駅前の閉店間際のスーパーで買ったから揚げ弁当を広げる。

右手で割り箸を操りつつ、左手でドラクエⅢのカートリッジをファミコン本体に手際よく差し込む。さあ、冒険の続きだ。

心も体もヘトヘト。何もする気が起きない。が、仕事だけで1日が終わってしまうのもなんだか切ない。そんな負けん気が、今夜も舞子をドラクエの旅に駆り立てる。

勇者まいこたちは、着々とレベルを上げ腕っぷしも強くなってきた。

先へ先へとコマを進めたいが、いちいち弱いモンスター(ザコキャラ)が出てきてまいこたちの行く手を阻む。

正直、勘弁願いたい。ザコキャラを倒したところで、大した経験値にもお金にもならない。都度、戦うのも逃げるのも時間の無駄。

「あ、そうだ！　確か、『トヘロス』って呪文あったよね」

ピシャリとひざを叩く舞子。自分たちより弱いモンスターを寄せ付けなくする、便利な呪文。これさえ唱えておけば、ザコキャラに遭わずに次の町に移動できる。

「はぁー、快適快適☆」

おかげで、思ったより遠くまで旅ができた。

「ユーザーからの細々とした問い合わせも、うまく減らせないかしら？　そうすれば、もっと有意義に時間が使えるのになぁ～」

空になった弁当箱を見つめ、舞子は現実世界の明日の一手をぼんやり考えた。

問い合わせ対応を効率化する

自分たちより弱いザコキャラを寄せ付けなくする呪文「トヘロス」。無駄かつ無益な戦いを排除できる、優れた呪文だ。

ある程度、業務がこなれてきたら、可能な限り無駄な戦い＝仕事は減らしていきたい。

ここでは、どんな職種でも発生する「問い合わせ対応業務」を例に、ビジネス現場の「トヘロス」を考えてみよう。

FAQ

ＦＡＱ＝「Frequently Asked Questionの略。「よくあるお問い合わせ」と回答が記載されている、ウェブページやマニュアルの１区画。ユーザーは運営者に問い合わせをせずとも、ＦＡＱを見れば自己解決できる。

ＦＡＱには、「内部ＦＡＱ」と「公開ＦＡＱ」の2タイプがある。

❶内部FAQ

文字通り、運営者だけが知っているFAQ。インターネット／イントラネットサイトなどのユーザー向けの媒体がない／使えない場合、運営者が内部FAQを見てスムーズかつ均質に問い合わせ対応できるようにする。問い合わせそのものは減らせないが、受け答えの時間短縮にはなる。

❷公開FAQ

インターネット／イントラネットサイトなどで、ユーザーに公開しているFAQ。

社内SNS／Wiki

SNSやWikiを活用するもの手だ。ユーザーが問い合わせを投稿し、運用者が回答する。あるいはユーザー同士で知恵を出し合って解決する(『Yahoo!知恵袋』のようなものを想像してほしい)。

投稿と回答が増えれば増えるほど、ユーザーはここを見れば自己解決できるようになる。技術や法務など、専門的かつ複雑な問い合わせが多い業務の場合、ナレッジ蓄積のメリットも。単なる問い合わせ対応にとどまらず、ユーザーを交えた積極的な議論を促す効果もある。

ただし、ITリテラシーが低いユーザーには適さない。不適切な情報の書き込みによる「炎上」にも注意が必要だ。

ビジネスプロセスアウトソーシング(BPO)/RPA

ある程度の規模の会社/業務であれば、問い合わせ対応業務の外注も検討したい。いわゆる、ビジネスプロセスアウトソーシング(BPO)だ。

BPOには大きく2つ、完全外部の会社に業務を切り出して委託するパターンと、社内の一部署やグループ子会社などの内部に出すパターンがある。大企業の場合、全グループ会社の問い合わせ対応や事務処理業務を一手に引き受ける「シェアードサービスセンター」を立ち上げるケースも。グループの規模の力を生かすことができ、かつグループの知見をためやすくなる。

また、最近では事務作業を人の手に頼るのではなく、自動化するRPA(Robotic Process Automation)も盛んになっている。これらテクノロジーの活用も検討したい。

サイネージ

「今月の月締め処理は、本日18時までです。いますぐ月締めを!」

「ご存知ですか? パスワードを忘れた場合、イントラトップページから自分で再発行できるんです」

社員食堂や休憩室など、社内にデジタルサイネージを設置する企業も増えてきた。日常の仕事の動線上で、社員に知ってほしい情報をさりげなく伝えることができ、無駄な問い合わせを減らすことができる。

チラシ／ポスター

最後にアナログ、かつ地味に有効な方法を1つ。

よくある問い合わせとその答えをチラシに印刷して配る。ポスターにして掲示する。最近は銀行や役所の窓口でも「毎月25日の13時～15時は窓口が最も混雑します」など、ポスターを掲示して、ユーザーの不満や不要なクレームを減らす工夫をしている。

常時掲出だと注目されにくくなるため、たとえば決算時期のように問い合わせ対応が多い時期だけ掲出するのも手だ。ちなみに、筆者の経験上、アナログなやり方が最も効果がある。

問い合わせ対応は、ユーザー（問い合わせるほう）と運用者（答えるほう）双方の貴重な時間を奪う。苦労すればするほど、答えた本人は仕事をした気になってしまう。しかし、実はその時間は何の価値も生んでいないことも。「トヘロス」で不要な問い合わせはなるべく減らそう。

<Business Point>

問い合わせを減らす工夫

「ねえ、私たちでポスター作ってみない？」

リーダー舞子の突飛な発言に、３人はポカンとなった。

「ま、舞子さん、いったい、どうしちゃったんすか？　歌手デビューでもするんですか？」

怪訝な表情でつっこむアーサー。

「そうそう、実は演歌歌手とか昔から憧れてて……って、違うわよ！　問い合わせを減らすためのポスター」

３人は、なるほどという顔をした。

よくある問い合わせをピックアップして、回答方法とともにポスターに示して社内各部署の掲示板や食堂に貼る。どうせ作るなら、デザインにもこだわって、皆に見てもらえるものにしたい。舞子は自分の思いを語った。

「いいですね！　わたし、イラスト描きます！　実はウェブでイラスト描くの得意なんですよ～♪」

アキナが早速のってきた。今までで一番楽しそうな笑顔を浮かべている。アキナがイラストが得意だったなんて知らなかった。

「そういえば、すけさんは書道やっていたよね。タイトルは、すけさんに書いてもらおうかしら」

「おっと、そうきましたか？　喜んで一肌脱ぎますよ」

すけさんもまんざらではなさそうだ。

「あのー、俺は何をすれば……」

「アーサーはポスターを貼る係ね。背も高いし適任でしょ。あ、貼り出す当日は絶対、遅刻しないように」

オチに使われたアーサー。苦笑いするしかない。それでも繁忙期の雰囲気が少し和んだ気がした。

「ポスターはこの繁忙期が終わってから、次の繁忙期に向けて作ることにしよう。今はとにかく、目の前の問い合わせ対応、トラブル対応に集中して知見をためる。いいわね？」

「はい！」

トーンの違う３人の元気な声が、舞子の期待に応えた。

第24話　いきなりの会議参加はいきなり洞窟に飛び込むようなもの

繁忙期が一段落した。先週まであれだけてんやわんやしていたのに、この月曜日を境にウソみたいにトラブルも問い合わせも激減した。しばらくは残業せずに帰れそうだ。気が付けば、夕暮れ時の空気もだいぶひんやりしてきた。更けゆく秋を頬で感じながら、舞子は家路を急ぐ。

「さてと、久しぶりにやり込みますか！」

シャワーを浴びて普段着に着替えた舞子、ドラクエモードにスイッチオン。ちゃぶ台には、ついさっきデパ地下で買ってきたロゼとブリーチーズが並ぶ。ドライフルーツも添えてみた。やはり、旅はお供があったほうが断然盛り上がる。

プレイすること1時間。岩山の端に小さな洞窟を見つけた。

──お、初めての洞窟ね。いいわ、入ってやろうじゃないの！

お酒の勢いも加わり、勇者まいこはどんどん先に進む。しかし、この洞窟がなかなかプレイヤー泣かせだった。

「なにここ、呪文利かないじゃないのっ！」

この洞窟、呪文が無力化されてしまう。何度、呪文を唱えても、不思議な力でかき消されてしまうのだ。呪文だけが頼りの魔法使いや僧侶はここではまるで役立たず。その上、奥に進めば進むほど次々に強敵に遭遇する。迷路も複雑で、同じところをグルグル行ったり来たり。

——そういえば明日、朝イチから会議なんだよな。今日は夜更かしできないの、すっかり忘れてた。

そろそろお城に戻って冒険の旅を終え、床に就かなくては。

洞窟や塔から一瞬で地上に出られる便利な呪文がある。が、その呪文すら使えない！

「あーもう、こんな洞窟入るんじゃなかった！」

舞子は両手で頭を抱えた。

＊＊＊

明くる朝。

本社の大会議室には、頭痛と必死に戦う舞子の姿が。睡眠不足と飲みすぎのダブルパンチ。

司会進行役の田沼《たぬま》(グループ経営企画部)の声がズキズキ脳髄を刺激する。

「……というわけで、ここからは購買システムチームの並木さんの意見を聞きたいと思います」

いきなり振られた。20名近い参加者一同の眼差しが、舞子に集中する。

――え、なに、何? この会議って、私発言求められる場だったワケ?

「え……す、すみません。な、何のことでしょう?」

不意を突かれた舞子。こめかみに人差し指を当て、目をキョロキョロ泳がす。

「……え? ですから、アリア機械のグループ共通コミュニケーション基盤を作ることについて、購買システムの観点から意見を……」

聞いてない! そもそも昨日の帰り際、「とりあえず出てくれ」といきなり課長の衣笠から転送されてきた会議。言われるがままにただ出席しているだけ。目的も内容も把握していない。しかし、とりあえず何か言わなくては……。

「あ、は、はい。コ、コミュニケーションはとても大事だと思います。大切にしましょう」

「は、はぁ……」

まるで小学生の感想文以下の回答に、田沼は言葉を失う。

「す、すみません、田沼さん」

「並木さん、今日はお疲れのようですね。次回までにチームの意見をまとめてきてくださいね。それに、私は田沼ではなくて『田浦《たうら》』です」

会議室は失笑の渦に包まれた。舞子は真っ赤な顔でただ俯くしかなかった。

良い会議のための5つのポイント

準備不足な会議ほど非効率なものはない。特に目的を持たない自由な意見出しや、雑談ならさておき、会議はしっかり準備して望みたい。

良い会議を行うための5つのポイントがある。主催者も、参加者もこの5つを事前に意識して参加したい。

❶目的・ゴール

何のための会議か？（例：意思決定、意見交換、アイディア出し、情報共有、周知）

❷インプット

成果物（または完了状態）を効率良く得るために、参加者に事前（あるいは当日）共有しておくべき事前情報は？　配布資料は？　参加者が自ら知っておいたほうがいい情報は？

❸成果物

この会議の成果物は？　完了状態は？（例：来年度の予算案を3パターン、メリットとデメリットがホワイトボードに列挙されている状態）

❹出席者

誰を呼ぶか？　不要な出席者はいないか？　各自の役割は？

❺効率

何時間で？　何人で？　どれだけのコストをかけて開催する？

会議は段取り8割、当日2割と言われている。会議運営というと、ファシリテーション能力やプレゼンテーション能力の強化に重きがおかれがち。しかし、それはあくまで当日いかに会議をスムーズに進めるか（当日2割）の部分である。どんなに凄腕のファシリテーターとプレゼンテーションに長けた参加者を集めても、十分なインプットなしには実のある会議は期待できない。事前の段取りこそが会議の成否を決めるのだ。

無駄のない会議運営については、拙著『職場の問題地図』（技術評論社）や、榊巻亮《さかまきりょう》氏の著書『世界で一番やさしい会議の教科書』（日経BP社）などを参考にしてほしい。

<Business Point>
良い会議の5つのポイント

◉良い会議の5つのポイント(開催者も出席者も意識しよう)

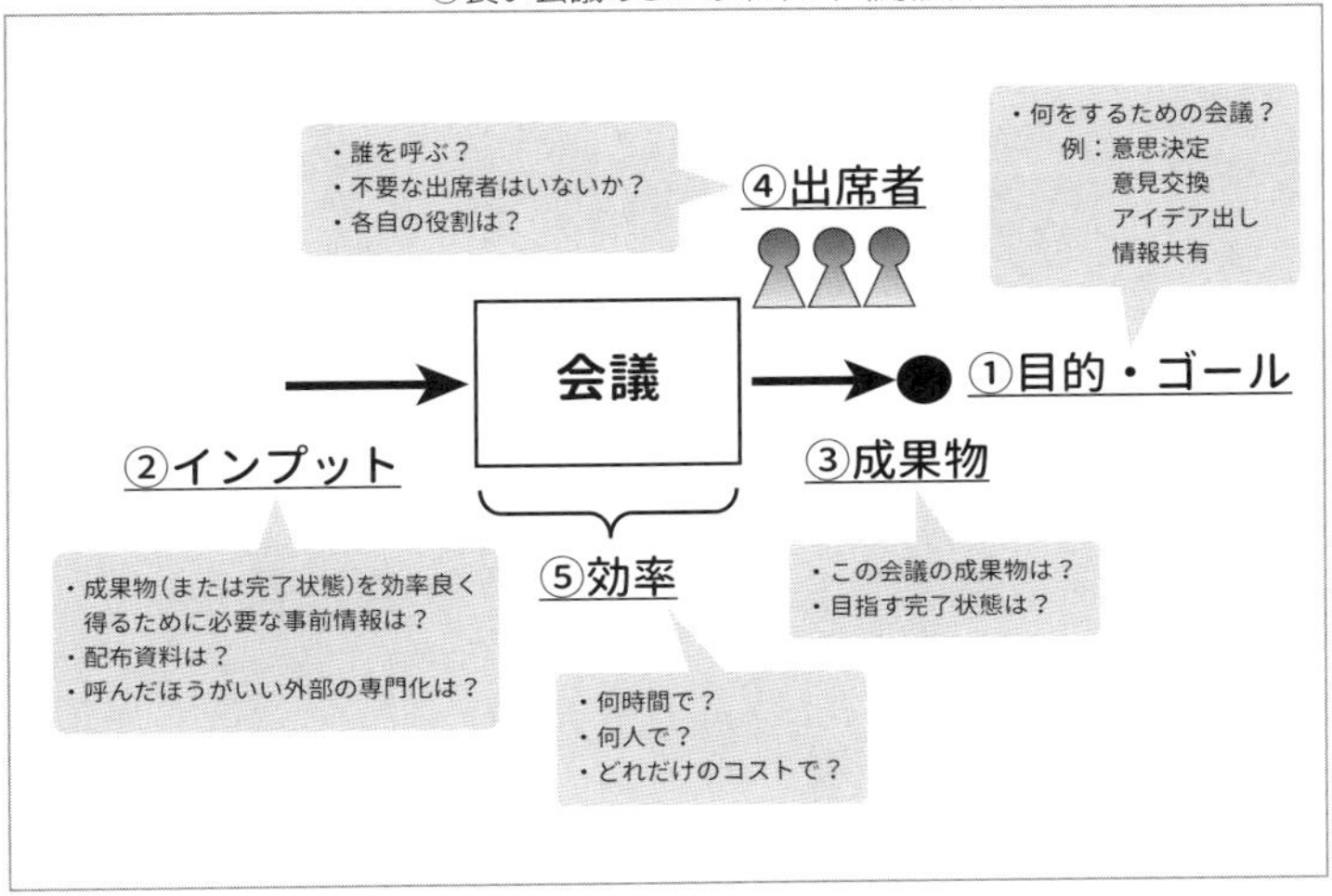

――はぁー。それにしても、今朝は散々だったな。

帰り道。おでん屋の誘惑に負けそうになりながら、舞子は自宅に向かって歩く。公園通りのコオロギの鳴き声が清清しい。

何の説明もなしに、会議召集メールを転送してきた衣笠も悪い。しかし、事前に目的やゴール、さらには自分への期待役割を想像すらしなかった舞子にも非はある。

――いきなり会議に出るのは、いきなり洞窟に飛び込むようなものね。無謀だったわ。

家に着いた舞子。ドラクエの画面を前に気合を新たにした。

「あの洞窟の情報は、町の人からヒアリング済み。呪文が一切利かないので、魔法使いと僧侶はパーティーからはずして戦士と武闘家を加える。体力回復呪文も使えないから、薬草をたんまり買い込んだ。これで今日は戦えるはず！」

勇者まいこは昨夜のリベンジを果たすべく、再びあの洞窟に乗り込んだ。

第25話　会議や交渉はパーティーの総力戦で乗り切る！

舞子は朝から憂鬱だった。

原因は一通の会議召集メール。差出人は同じ情報システム部の、情報基盤チーム・今井《いまい》課長から。件名には「購買システムの全社ポータル統合のご相談」とある。

舞子が勤めるアリア機械では、全社共通のポータルサイトを立ち上げ、人事／総務／広報など各部門の情報サイトとコミュニケーション基盤の統合を進めている。その旗を振っているのが今井課長率いる情報基盤チームだ。

今まで、購買システムと付随するウェブサイトは統合の対象外だった。購買は4月に新システムを立ち上げたばかり。なおかつ、グループ会社や取引先との情報授受が発生する関係上、ネットワークのセグメントも認証基盤も分けているからだ。

「ついに、巻き込まれるときが来たか……」

舞子はPCの画面を見つめ、大きくため息をつく。購買チームはいまいま目先の運用を安定させるのに手一杯。なおかつ、購買システムの機能追加やグループ会社展開など、検討する議題は山盛りてんこ盛りだ。ひとまず、それらを優先させたい。

相手が今井課長というのも、これまた頭が痛い。よく言えば生真面目、悪く言えばあきらめが悪い人。軽装備で会議に出ようものなら、絶対相手のペースに巻き込まれる。部長の金沢も、課長の衣笠も揃って北京出張で不在。舞子がなんとかするしかなさそうだ。

「会議は明日の夕方か……。それまでに戦略を練っておかなくちゃ……」

舞子は卓上カレンダーの明日の日付欄を、静かに指でなぞった。

＊＊＊

夕方まで粘った。いい対策が思いつかない。こういうときは、気分転換するに限る。

今日も夜遅くに帰宅した舞子。食事もそこそこにドラクエの世界に身を浸す。

「あちゃー、強いの来た！」

のどかなフィールド画面が一転。物々しい戦闘画面に切り替わる。強敵が3匹。

こういうとき、パーティー4人の個性を生かした連携プレイがものをいう。

魔法使いが呪文で勇者まいこの攻撃力を上げ、勇者まいこがモンスターAを先制攻撃。ここでモンスターAが炎を吐き、パーティー全員が大ダメージを食らう。直後、僧侶が回復呪文で全員の体力を回復させる。素早さのない戦士、ここでようやくモンスターAに会心の一撃。はい、1匹、一丁上がり！

――会社の面倒な会議も、これくらいパパっと片付けられたらなぁ

画面上のモンスターに、情報基盤チームの面々を重ねる舞子。

そこで、舞子はふと気が付いた。

「そうよ、パーティーで戦えばいいのよ……」

画面は再び明るいフィールドに切り替わった。

解説

チームプレイが生きる会議戦略・交渉術あれこれ

手ごわい相手との会議や交渉。1人で戦おうとしないほうがいい。どうせならパーティーの力を生かした、チームプレイで乗り切ろう。

チームプレイが生きる会議戦略と交渉術をいくつか紹介する。

❶人数や座り方の工夫

こちらが優勢に立ちたいときは、なるべく大人数で出席する。役割不明な参加者を増やすのは会議の効率面では望ましくないが、負けられない会議の場合は心理作戦も大事だ。

ただし、発言力や影響力のある人物が参加するのであれば、むしろ人数は少ないほうが交渉が優位に運ぶ場合もある。

座る位置にも工夫を凝らしたい。

対立ムード、緊張ムードを際立たせたい場合は対面着席。相手の悩みを引き出して解決する(される)ムードに持っていきたい場合は斜め横。共感の姿勢を示したいときは、横並びに座るとよいと言われている。会議開始時のフォーメーションも大事な要素なのだ。

❷Good Guy & Bad Guy

刑事ドラマの取り調べのシーンでよく見かけるアレ。強面刑事が容疑者を恫喝し、ベテランの穏やかな刑事が容疑者を優しくたしなめる。2人組で交渉に臨み、それぞれ良い人と悪い人を演じる。ただし、見破られるときまりが悪い。

❸ギャップ萌え

「いつも穏やかな人が今日は怒っている」「いつも怒っている手ごわい人が今日はとても優しい」などのギャップにより、相手を揺さぶる心理作戦。筆者の個人的な経験では、後者のパターンのほうが怖い。

❹仮想敵国設定

上位のオーソリティは自分と相手にとって共通の敵であると仮定し、結託する方法(ただし、やりすぎると癒着を疑われることも)。

例：

自分「いやー、私はその条件で妥協したいんですけれどねぇ。上が納得しないんですよ」

相手「なるほど。わかります。わかります。うちの上司もうるさくねてぇ。。。どうしましょうか?」

自分「ここはひとつ、お互いの上司を納得させされる『落としどころ』に持っていく方法を考えましょう」

❺「If I were ～」(わたしが～だったら)

リフレーミングの一種。「自分(たち)が上位者や第三者の立場だったら、どう考えるか?」という想定を投げかけて、相手に再考を促す手法。リアリティを逸しないレベルの想像力と、多少のはったり力が求められる。

<Business Point>

会議戦略、交渉術

そして翌日。

「いい、行くわよ！」

舞子たち、購買システムチームのメンバーは会議室に向かった。議論を重ねた上、舞子とすけさんの2人で行くことにした。アーサーは技術に詳しい。購買システムの全社ポータル移行が、技術的に不可能ではないことをよく知っている。それを相手に悟られてはまずい。

2人は開始15分前に、会議室に乗り込んだ。自分たちに優位な環境をセットアップするためだ。

すけさんは一番奥、プラズマディスプレイの近くに。舞子はすけさんとはテーブルを挟んだ対角線上、出入り口の真横に座る。斜めの位置から敵を挟み撃ちにする作戦だ。


16時ジャスト。時は来た。

「お疲れ様です。いやー、どうもお忙しいところ恐縮です」

今井課長が引き連れてきたのは、なんと5人！　人数で攻めてきた。敵もなかなか手ごわい。

「あれ、並木さんと別所さんなんでバラバラに座っているんですか？　購買システム運用チームって、仲悪いの？」

明らかに不自然な座り方に、今井は違和感を覚えた様子。

「この部屋、クーラーの利きが強くてツラいんですよぉ……。なので、私は端っこで失礼します。あ、別所君には議事録係をお願いしました」

いつになくか弱い舞子に、今井は拍子抜けした。

部内では「キリキリ舞」と揶揄されるほど、負けん気キャラで通っている舞子。まずはギャップで相手を揺さぶる。

「すみませんが、こちらも時間がないのでお早めに着席願います」

すけさんは、PCの画面を見つめたままぶっきらぼうに言い放つ。

「あ、そうですよね。大変失礼しました……」

今井一団は、そそくさと席に着いた。あの穏やかなすけさんがイラ立っているとは、ただ事ではない。

「ちょっとすけさん、今井さんに失礼でしょ！　ホント、スミマセン。繁忙が続いてチームのメンバーみなピリピリしているもので……」

舞子はペコペコと頭を下げる。


会議開始のゴングが鳴る。想定通り、今井たちはあの手この手、さまざまな角度で2人を説得にかかる。

一通りの演説が終わった後、すけさんがゆっくり口を開いた。

「おっしゃることはよくわかります。しかし、ユーザー（購買部）がウンと言いそうにないんですよ。購買部長の川上さん。ああ見えて、結構堅物でして。今、ポータル統合の話なんて持って言ったら、間違いなくキレられますね。『先にやることが他にあるだろう！』って……」

去年まで購買部にいた、すけさんの発言。説得力抜群だ。

「あ、そうか。今の購買のトップって川上さんですか……確かに手ごわいな……」

今井は素直に同調する。

「それに、購買システムはグループ会社に展開する計画があるんです。その第一弾は、ナジミ倉庫。今井さんもご存知の通り、ナジミはとにかくうるさ型が多くて……。私がナジミの購買部長だったら、ネットワーク環境を変えるなんてあり得ないって反論するでしょうね……」

舞子が穏やかに諭す。

「……うむ。よりによってナジミか。あそこを落とすには時間がかかるなぁ……」

腕組みして天井を見つめる今井。

「そういうわけでご協力したいのはやまやま、今の私たちの立場からはイエスとは言えないのですよ。ほんっとうに申し訳ありません……」

そこで定時の鐘が鳴った。


夕暮れ時の廊下。肩を落としてとぼとぼ歩く今井と5人の影。

「お疲れ様です、今井さん！」

その背中を、ひときわ明るい声が追いかけた。

「アキナちゃん……」

「どうしたんですか？　今井さん、なんかいつもの元気がないみたいです」

アキナはきょとんとした表情で、今井を気遣う。

「……実は購買システム運用チームさんといろいろあってね。そうだ、アキナちゃんにいろいろ聞きたいことがあるんだけれど、明日メールしてもいいかな？」

「よっしゃ！　ひとまず大成功！」

定時後のフロア。購買システム運用チームの4人は大喜びでハイタッチを交わす。

ひとまず、あの今井課長を引き下がらせた。これで、舞子とすけさんにとやかく言ってくることはないだろう。

おそらく、今井はこれからアキナにコンタクトして、こちらの情報と弱みを探りにかかるに違いない。アキナから、ネガティブな情報を流してもらうことにする。

トップへの根回しも忘れずに。明日朝イチで、北京とテレビ会議をつないで金沢と衣笠に舞子たちのストーリーをインプットしておく。

「あー、それにしても今日は慣れない気疲れをしたな。私、よく頑張った！」

舞子は本来の顔に着替え、机の上の缶コーヒーをひと飲みした。

第26話　会議を乱す人には？〜先制攻撃で「呪文を封じ込める」

「え、来週の会議、葉山《はやま》さんも参加するの？」

葉山課長代理。好奇心旺盛な、購買部のベテラン社員。それはいいのだが、話が長くて脱線が多いともっぱらの評判。彼が参加する会議は、時間オーバーは当たり前、何も決まったためしがない。

アキナが仕入れた井戸端情報に、舞子はとたんに不安なる。次年度の購買システム改修の要件を決める重要な会議。できれば、穏便に終わりたい。

——今度は葉山さん対策か。これまた、手ごわい敵（モンスター）が現れたもんだ。

帰宅の通勤電車。車窓の景色が流れる速さで、舞子の頭もグルグル回転した。

＊＊＊

「やった、レベルアップ！　新しい呪文覚えたー！」

さっきまでの険しい表情はどこへやら。家に帰れば、いつもの姿、いつもの笑顔で、いつものようにドラクエに興じる。

勇者まいこ一団は、パーティーの仲間とともに成長を続け、新しい呪文をどんどん習得していく。今日も、強力な攻撃呪文を1つ覚えた。

──よし、次の戦いで早速、使ってみよう。

そう意気込んではみたものの。

「ヤバっ、呪文封じ込められた！」

やられた。モンスターに先制攻撃で『マホトーン』を唱えられた。マホトーンは攻撃補助呪文の1つで、たちまちに相手の呪文を封じ込めてしまう。こうなったらもうお手上げ。呪文が頼りの、魔法使いと僧侶はたちまち大人しくなる。

まいことその仲間たちは、命からがら逃げ出した。

──ふぅ。危なかった。呪文封じは勘弁してほしいわ。……ん⁉　……あ、そうか、その手があった！

テーブルに置いたピーチ・フィズが、カタンと音を立てる。

舞子は新しい呪文を1つ覚えたようだ。

会議における『マホトーン』とは?

攻撃補助呪文「マホトーン」。言わずと知れた、ドラクエシリーズの名物呪文だ。相手の呪文を一切使えなくする。

マホトーンは、会議の場を乱す参加者を封じ込めるのに有効だ。では、会議におけるマホトーンとはどんなものか? 3つ紹介する。

グラウンドルール設定

グラウンドルール=参加者全員が守るべき共通ルール。

スポーツのゲームのごとく、会議にも共通ルールを設定しよう。

例:時間厳守。タイムキーパーを決める。遅刻/途中退出しない。結論は最初に言う。他人の意見を批判しない。決定事項はその場ですぐ確認する。会議中はスマートデバイスをオフにする。

ただルールを決めただけでは機能しない。

❶会議室に貼り出す
❷司会進行役が会議冒頭に読み上げる
❸「審判役」を設け、ルールを破った人を都度注意する（現行犯逮捕）

このような、定着の仕掛け作りも大事だ。

Meeting Way

グラウンドルールを社内の行動規範にまで高めている事例もある。Meeting Wayがそれだ。

日産自動車では、グローバル共通の日産Meeting Wayを策定。全世界の社員に徹底させている。会議の考え方、やり方を組織風土として浸透させるためには、ツールと人材育成も大事。同社は会議のファシリテーター育成を体系化して社員に実施。Meeting Wayの定着を図る。

ホワイトボードを活用する

最も取り組みやすい方法。会議の脱線を防ぐには、議題や意見をホワイトボードに書き出すのも手だ。情報を可視化することで、参加者は今起こっていることと、本来議論すべきことを客観視し、現在位置を冷静に把握することができる。

❶アジェンダ（議事）やアウトプットイメージをあらかじめ板書しておく

⇓今どこを話しているか？　どの議題が未協議か？　進捗が目でわかりやすくなる。

また、案出しの会議の場合、「A案」「B案」「C案」「メリット」「デメリット」など、アウトプットイメージの枠組みを書き出しておけば、そこに参加者の意見を誘導（当てはめ）しやすくなる。

❷出てきた意見を板書する

⇓❶であらかじめ書いた議題や枠組みに、出てきた意見を書き込んでいけば議論の状態と進行がよりリアルに可視化される。付箋に書いて貼るのもよい。

❸「パーキングエリア」を設ける

⇓本題に関係ない意見を前向きにさばく手法。ホワイトボードの恥に「PA」と書いた一角を設けよう。関係ない意見は、そこに書き出して「後日検討」とする。発言しやすい雰囲気の醸成、良いアイディアをストックする効果、脱線状態を可視化する効果がある。

<Business Point>

会議のグラウンドルール、Meeting Way、ホワイトボードの活用

アキナは一足早く会議室に乗り込み、議題と今日の会議で得たい結論の枠組みをホワイトボードに板書した。

間もなく、参加者が三々五々到着する。14時ジャスト。開始時間だ。

「それでは会議を始めます。あ、今日の司会進行は私、並木が務めます」

全員が揃ったのを確認し、舞子が先陣を切る。

「なんか、今日はずいぶんとかしこまった雰囲気だね。どうしたの？」

真正面に座った葉山。脚をどかっと広げて尋ねる。

「購買システム運用チームで、会議のグラウンドルールを決めたんです。で、今日から実践しようかと」

すけさんの援護射撃。葉山は「へぇー」という顔をする。

「情報システム本部の今年度の目標の1つに、『業務効率化』がありまして……ご協力をお願いします！　あ、アーサーはタイムキーパーよろしくね」

舞子の軽やかな指示で、アーサーがストップウォッチに手をかける。書記役のアキナはホワイトボードの脇にスタンバイ。

「ではまず、ルールを読み上げます。最初ですので、皆さん一緒にご唱和をよろしくお願いします。その1、結論を最初に言う……」

＊＊＊

「いやー、うまくいったね！　あの葉山さんの脱線を見事に封じ込めることができた！」

したり顔で席に戻った4人。お菓子をつまみながら、振り返る。

「最初にあの雰囲気作っちゃったら、なかなか堂々と脱線できないっすよね」

まだストップウォッチを握ったままのアーサー。彼なりの手ごたえを感じたようだ。

葉山の新しもの好きの性格もプラスに働いたのかもしれない。「新しいことをやる」雰囲気が出せたものよかったようだ。すけさんとアキナが推測する。

「会議だけじゃなくて、購買システム運用チーム全体のグラウンドルールも作ろうかしらね？　『遅刻しない』とか、『遅刻しない』とか、『遅刻しない』とか……」

勢いづく舞子。矛先を感じたアーサー。とほほの表情で、カントリーマームの最後の1つを口に放り込んだ。

第27話　「仲間を呼ぶモンスター」から学ぶ、2つのトラブル対応

秋の日はつるべ落とし。今日は残業もしていないのに、舞子がオフィスを出たときにはもう夜の帳が下りていた。金曜日に定時で帰るなんて、いつ以来だろう。こんな夜は、温かいものでもつつきながら、家でぬくぬくドラクエするに限る。季節の寒さと対照的な、軽やかな足取りで舞子はお城（家）へ急ぐ。

買ったばかりのホカホカおでん。お気に入りのル・クルーゼの小鍋に手早く移し、カラシを添える。ビールを空けたら準備完了。ファミコンのコントローラーを手元に置いて、いざ冒険開始！

早速、敵に遭遇。5匹のモンスターが画面にずらりと並ぶ。レベルを上げた勇者まいこと仲間たち。手際よく1匹、2匹と片付ける。いよいよ残りの1匹になった、手の形をしたモンスター。

「ふふん、大したことないわね」

そう高をくくっていたら、なんと仲間を呼んだ！　巨像のモンスターが現れる。

「うそ、勘弁してよ！」

破壊力抜群。ものの一撃で、仲間の僧侶がやられてしまった！　とにかく、こいつを倒さ

なくては。まいこたちは必死で応戦する。なんとか巨像を倒した。が……。

手のモンスターは、またもや仲間を呼んだ！　再び巨像が画面を塞ぐ。

「ちょっとちょっと、どういうこと⁉　いつまでたっても終わらないじゃない……」

瞬く間に、まいこたちは全滅した。

「しまった！　手のモンスターからやっつけなければダメだった……」

舞子はすっかり冷え切ったチクワを一切れ、悔しそうにかじった。

＊＊＊

月曜日の朝。舞子が出社すると、職場はなんだか物々しい雰囲気に包まれていた。

「並木さん、大変です。夜間バッチ処理のトラブルで、取引先の何社かに支払いができていないようです！」

経理システムチームのリーダーが、声を荒らげる。

「え、どういうこと？　すぐアクション会議をしましょう！」

舞子はバッグを自席に放り投げ、共用会議室に急行。間もなく、すけさん、アキナ、アーサーも出社し、会議に加わった。

支払いがされていない取引先は全部で3社。すべて、新規の取引先だ。どうやら金曜夜のバッチ処理でトラブルがあり、経理システムに支払いデータが連携されなかったらしい。

と、そこまで判明したのだが、肝心の原因がわからない。

購買部と経理部のメンバーも駆けつける。これは、大事になった。

システムの問題？　購買システム側？　経理システム側？　あるいは業務の問題？　データの問題？　マスターに異常はなかったのか？

購買システム運用チーム、経理システムチーム、購買部、経理部。それぞれの部署の担当者が、あれやこれやと原因を推測する。

不意に、会議室の扉が開く。購買部長の川上が入ってきた。

「いったい、何がどうなっているの？　支払いができていないって聞いたんだけど……」

「ご心配をおかけしています。朝から緊急のアクション会議を開き、今、関係者全員で原因を調査しています」

『ご覧の通り』のジェスチャーで、現状を説明する舞子。

「調査……もそうなんだけれど、とりあえずなんとかならないの？」

川上も焦りを隠せない。

「ですから、現在、原因を……」

「あのさ、しのごの言わずに、とっととなんとかしてよ！　お取引先、カンカンなんだよ！」

怒号にも近い野太い声が、舞子の必死の弁明を遮った。

解説

トラブル対応の双璧、「インシデント管理」「問題管理」

「しのごの言わずに、とっととなんとかせい！」

システムに携わっている人であれば（そうとも限らない？）、一度は遭遇したことのあるシーンであろう。

一見、無慈悲なこのセンテンス。トラブル時にとるべき、2つの大事な行動を示してくれている。

まずは上の句から。「しのごの」の部分。

しのごのとは、トラブルを引き起こしている理由や原因である。ここに向き合わないことには、問題は解決しない。原因を調査し、取り除き、今、起こっているトラブルを沈める。二度と起こらないようにする。住宅火災にたとえるなら、建材を不燃性のものに代えたり、火を使わせないようにしたり。

この一連の取り組みを、ＩＴサービスマネジメントでは「問題管理」と言う。いわゆる、恒久対処だ。

問題管理は、トラブルの再発防止と業務品質向上に欠かせない。しかし、原因究明と対策には人手も時間もかかる。すぐに解決するとは限らない。あるいは完全には解決しないかもしれない。

そこで下の句も肝になる。

「とっととなんとかせい!」

理由はどうあれ、とりあえず今の状況をなんとかする。火災で言えば、消防車を呼ぶ、消火器を使って火を消すなどがこれに当たる。火災そのものはなくせないが、とにかく鎮火して被害を最小限に食い止める。いわば、暫定対処の取り組み。これを「インシデント管理」と呼ぶ。

トラブル発生時は、まずインシデント管理、次に問題管理の順で取り組みたい。ものがたりの、支払いトラブルの例で

◉10秒でわかる!「インシデント管理」と「問題管理」

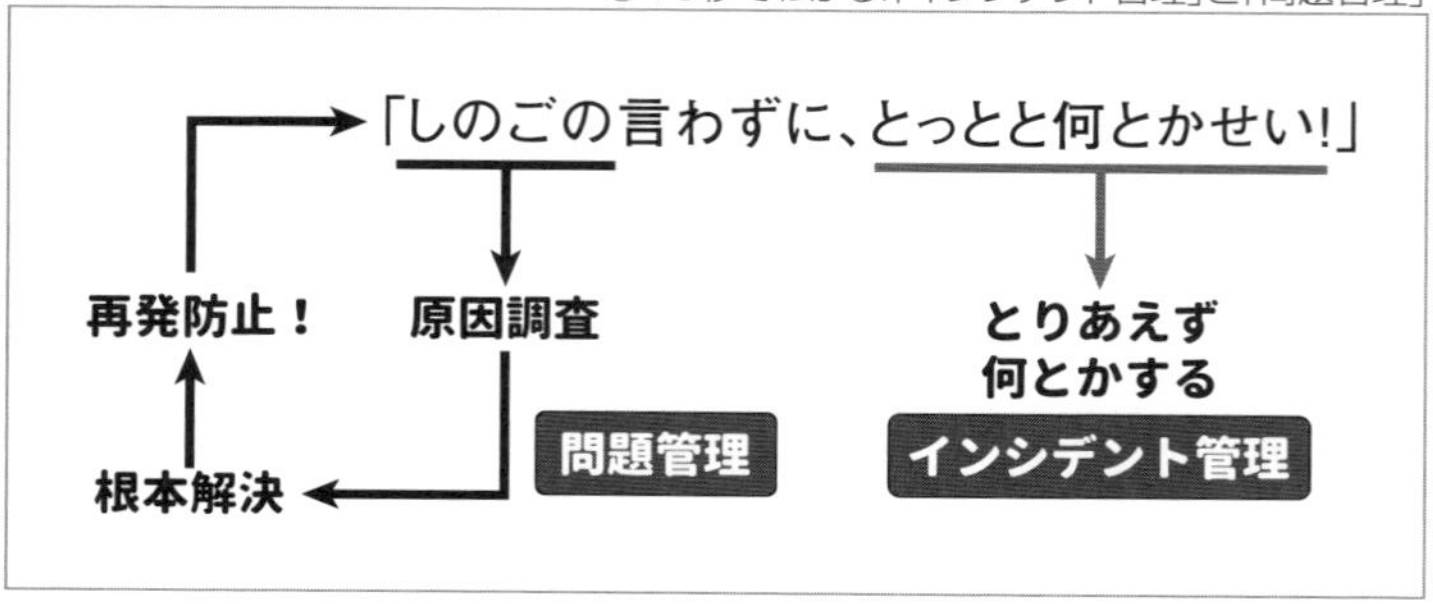

示すなら、次のようなインシデント対応が、まず求められる。

- **トラブルの状況を関係者やユーザーに周知する**
- **取り急ぎ、バッチを再走行させてみる**
- **（購買システムはそのままに）経理システムを操作して、とにかく支払いを完了させる（※）**
- **システムを一切使わず、手運用で支払う（※）**

※あとで支払いの妥当性を証明できるようにフロー、手順、証跡（「誰がどの作業を承認したか？」「実施したか？」がわかる画面キャプチャやデータ）などを残しておくこと。

一方で、インシデント対応だけをしていてもダメだ。

また同じトラブルが起こるかもしれない。その都度、暫定対処でしのいでいたら、非効率極まりなし。人手も時間もかかる。また、イレギュラー対応はミスを生む。ユーザーにも迷惑がかかる。

問題管理をし、再発防止策を講じなければトラブルはいつまでたってもなくならない。

仲間を呼び続けるモンスターを倒さない限り、戦闘が終わらないのと同じだ。

トラブルが発生すると、現場のスタッフはどうしても原因調査と復旧に集中しがちである。

あるいは、逆に目先の火消しだけをして安心してしまいがちである。

それでは、いつまでたっても業務品質は向上しない。ユーザーの信頼は得られない。トラブル時こそ、リーダーは冷静に。「インシデント管理」と「問題管理」の2つの目で、トラブルを華麗にさばこう。

<Business Point>

インシデント管理、問題管理

第5章

ナレッジマネジメント

第28話　罠だらけの洞窟から学んだこと～先人の知識を利用しよう！

「うーん。うーん……」

　昼下がりのオフィス。さっきから、すけさんは腕組みしてPCの画面とにらめっこしたままだ。

「どうした、どうした～？」

　すけさんの斜め後ろに立つ舞子。ずんぐりな背中越しに画面を覗く。白紙のワード文書の上、指示待ちのカーソルが手持ち無沙汰に点滅を繰り返している。

「来週、購買システムにリリースする、追加機能のユーザーマニュアルを作ろうとしているんですけれどね。どうにもこうにも、構成も文章もなかなか浮かばなくて……」

　両手を頭の後ろで組み、座ったまま伸びをするすけさん。背もたれが軽い悲鳴を上げる。

　こういうのはセンスが要る。舞子自身、文章を書くのは苦にならないが、構成やデザインは弱い。広報部時代もなかなか苦労した。

　操作方法を箇条書きにするだけでも事足りる。しかし、それでは読んでもらえないし、わかってもらえない。無駄な問い合わせやクレームも増える。

「マニュアルを読んでください」『こんな分厚いマニュアル、誰も読まないよ！』

ユーザーとのこんなやり取りは、正直うんざりだ。なによりユーザーの問題が解決しない。

——いったいどうしたものか?

妙案が思い浮かばない。

「まぁ、あと1週間あるんだし。ゆっくり考えましょ。あまり無理しないように」

赤いホットコーヒーを1缶、すけさんの袖机にそっと置いて舞子はその場を去った。

＊＊＊

先月からドラクエⅡをプレイし始めた舞子。長い冒険の旅も、間もなく終盤に差しかかろうとしている。今日はいよいよ、ロンダルキアへの洞窟に挑む。泣く子も黙る、ゲーム後半の難所だ。

遭遇するモンスターの強さもさることながら、とにかく罠が多い。

「また落とし穴にハマった! もうっ!」

落とし穴だらけ、ループだらけ。トラップのあまりの多さに、舞子の声も操作も荒くなる。

「ああ、また全滅したよ……」

ゲームオーバー。舞子は悔しさ任せにさきいかを鷲づかみし、一気に頬張った。

――そういえば初めてプレイしたときは、どうやってここクリアしてたっけ？

舞子は遠い昔、小学生のころの記憶をたどる。

あのときは確か……隣のクラスの、先にクリアした子たちの輪に加わって攻略法を教えてもらっていた。インターネットもＬＩＮＥもなかった時代。人づての会話だけが頼りだった。

「ドラクエの情報交換がきっかけで、話すようになった子もいたっけな。懐かしい」

あのころの、昼下がりののどかな教室の景色と笑い声。舞子の瞼の裏に優しく映し出される。

――あ、そうか。そうよ！

次の瞬間、何かが閃く。

「先にクリアした人に聞けばいいのよ！」

タイムスリップから戻ってきた舞子。大人になった自分へのヒントを得たようだ。

解説

「知る場」「聞ける場」をデザインしよう

ドラクエⅡの後半のハイライト、ロンダルキアへの洞窟。次から次に現れる強敵。数々の罠や通せんぼ。歴代のドラクエでも指折りの難所の1つだ。ここで冒険を断念したプレイヤーも少なくないだろう（かくいう筆者も一度挫折した）。

ノーヒントで乗り切るのは至難の業だ。

ファミコン版のドラクエⅡが発売された当時（1987年）、まだインターネットは普及していなかった。今のようにネットで情報を得ることはできない。人づての情報収集が攻略の鍵。

- **クラスメイト同士、落とし穴の場所を教えあう**
- **クリアした他のクラスの「先人」の存在を聞きつけ、お菓子を片手に情報をもらいに行く**

仲良しグループやクラス（時に学校も）の壁を越えた、コミュニケーションで解決したものだ（その意味では、ロンダルキアへの洞窟は当時の子ども同士のコミュニケーション活性に役立っていたのかもしれない)。

職場の課題解決も同じだ。

あなたは先人をどれだけ知っているだろうか？　あるいは先人を知りえる環境を作っているだろうか？　スピード重視の時代、自分(たち)だけで悩んでいてはもったいないし、取り残される。先人の知恵を積極的に活用しよう。

リーダーは「知る場」「聞ける場」をデザイン／アレンジする行動が求められる。

●**チームメンバーの悩みを知る機会、チーム内外の知識や経験(＝先人)を知る機会**

⇓「知る場」

●**先人にノウハウを聞く機会**

⇓「聞ける場」

たとえば、週1回のチームミーティング。最後の10分間は「知る場」にして、各自の仕事の悩みごとを共有する場にしてもいい。それだけで、誰がどんな悩みを抱えているのかがわかる。

ある大手旅行代理店では「お助けメール」を開始。メンバーは困りごとに直面すると、「○○

の情報持っていませんか?」「△△の資料を持っている人!」など、部門全員にメールで問いかけ、先人を素早く見つけて知恵を借りられるようにしている。

リーダー(メンバーでもいい)は、メンバーの悩みを解決できそうな、他チームや他部署(あるいは社外)の先人を知っておこう。そして、メンバーと引き合わせてあげよう。「聞ける場」を作るのだ。

そのためにも、リーダーは他を知らなくてはならない。

他チームの事例発表会に積極的に参加したり、休憩スペースで普段から他部署の人と会話したり。もちろん、自分たちのノウハウも積極的に開示する。Give and Takeの関係構築が大事だ。

<Business Point>

ナレッジマネジメント、場の創出、先人の知恵を生かす

「ねえ、すけさん。人事チームに話を聞いてみようか？」

翌朝のチームミーティングにて。舞子はすけさんに提言してみた。

アリア機械ではおよそ1年前、人事システムが大幅リニューアルされた。そのとき、人事システムチームがユーザーマニュアルを大量に作ったのを記憶している。

「確か、文字だけじゃなくイラストや画面キャプチャを多用したユニークなマニュアルを作って、ユーザーからも好評だったと聞いたわ」

舞子もレビューアーとして借り出されたので、よく覚えている。

「それいいですね！　私、イラスト描きます。あ、どうせならウェブを中心に作りましょうよ。わざわざ紙に全文を印刷させるって、手間ですし重たいですよね。ユーザーさんは、自分の知りたいところだけをクイックに知れればいいはず。そういう構成にしましょう。私たちの問い合わせ対応もラクになると思います♪」

イラストの一言に反応したアキナ。目を輝かせて提案する横顔に、積極性と頼もしさを感じる。

「ありがとうございます。なんか、できそうな気がしてきました！　アキナ、助けてな！」

すけさんの丸顔に微笑みが戻った。また1つ、チームの雰囲気が明るくなった。

そういえば、ナレッジチームが定期開催している部内の事例発表会。舞子は半年以上も出ていなかった。目先の忙しさを言い訳にしていた。

――これからはなるべく出るようにしよう。自分のため、チームのメンバーのために。

舞子は自分にそっと語りかけた。

第29話　塔や洞窟にはお宝がいっぱい
～その宝箱、見逃して去っていないか？

「期末の対応お疲れ様でした。ここ半年の運用を振り返り、購買システムおよび運用上の問題点や改善点を報告してください。これから購買システムのグループ会社展開を進める上での、参考にしたいと思います。よろしくお願いします。　金沢」

木曜日の夕方、舞子はメールボックスに届いた金沢部長からのオーダーに背筋を伸ばす。繁忙期が終わり、ようやく穏やかになったと思ったのも束の間。のんびりお茶を飲んで寛いでいる場合ではなさそうだ。ポテトチップスの最後の1枚を軽やかに口に放り込み、ホワイトボードを引き寄せようと席を立つ。そこへ、アーサーが声をかける。

「舞子さん、今いいっすか？　例の件、そろそろ中身を考え始めようかと思いまして……」

セミロングの後ろ髪を掻きつつ尋ねるアーサー。はて、例の件とは何のことだろう？　舞子は目を泳がせる。

「あれですよ。事例発表会のプレゼンの件です。あ、人に振っておいて忘れてたんすか⁉」

そうだった、広報チームの藤塚課長代理から依頼された、機械装置産業の情報システム部門の交流会で事例発表の件。購買チームが発表すると約束してしまった。そして、アーサーにプレゼンをお願いしたのだった。

すっかり忘れていた。……い、いや、繁忙期のドタバタで記憶の「預かり所」に預けたままだった。

「わ、忘れるわけないでしょ！　繁忙期が終わったら、フォローしようと思っていたところよ」

一瞬、疑いの眼差しを向けるアーサー。構わず続ける。

「購買チームの運用ノウハウを発表しろ……ってことだったと思うんですけれど、どんな観点でまとめたらいいのか、項目案だけでも考えておいたほうがいいかなって。でも、思いつかないんすよね……」

「でもさ、発表会は2月よね。今はまだ10月よ。まだ考えなくていいんじゃない？」

2人は揃って壁掛けのカレンダーに目線を移す。

「それもそうなんすけど、今、考えておかないとまた年末の繁忙でドタバタするかなって……」

なるほど。確かにアーサーの言う通りだ。じっくりと物事を整理できるタイミングは、今しかないかもしれない。いつも行き当たりばったりのようでいて、アーサーは計画的に仕事を進めようとしている様子だ。

「それもそうね。ありがとう。ちょっと私なりに考えてみたいから、明日の朝でもいいかしら？」

　そこで定時の鐘が鳴った。

＊＊＊

　ドラクエの世界は、現実の世界とは無関係に時を刻む。時間の流れも冒険のペースも、プレイヤー次第。ところが現実世界はそういかない。金沢部長のオーダーに、アーサーの相談。明日はしっかり向き合わないとな。


「いかん、いかん！　今は仕事は忘れるのよ！」

　帰宅してすぐさまドラクエをプレイする舞子。頭をポカポカと叩き、画面の中の世界に心を向け直す。

「そういえば、前回クリアしたあの洞窟、もう一度、歩いてみようかしら」

　町外れに佇む洞窟。ストーリーを進めるために必要なキーアイテムが眠っている。それを獲得しないと、冒険は進まない。前回、案外すんなりキーアイテムをゲット。足早に去ってしまった。

　その洞窟には確か宝箱もたくさん眠っていたはず。微かな記憶を頼りに、勇者まいこ一団は再び洞窟の階段を下りた。

「うほほー！　収穫、収穫。いやー、やっぱり戻ってよかった♪」

記憶通り、強い武器やお金が入った宝箱がわんさか。どれも今後の冒険の強い味方だ。危うく、素通りして見過ごすところだった。

「足早に通り過ぎるだけではダメね」

マグカップのホットココアに口をつけつつ、つぶやく舞子。あれ……。

――ひょっとしたら、購買チームにも見逃してきた宝箱があるんじゃないかしら？

画面を見つめる舞子の心を、再び現実がオーバーラップした。

解説

喉もと過ぎたら熱さ思い出そう

日ごろ当たり前だと思っていて回しているオペレーション業務や運用業務。実は、ノウハウの宝庫であることは珍しくない。トラブルをクリアした経験、クレーム対応のやり方、システムトラブルの発生の傾向、アンチパターン……こうしたエクスペリエンス（経験値）はすべて業務のノウハウとなる。とはいえ、ただ経験しただけ、すなわち「経験しっ放し」ではノウハウがたまっているとは言えない。また、自分自身は経験していない、他のチームメンバーの経験も組織の貴重な宝だ。

経験をノウハウに変えるには、意識的な取り組みが必要だ。要件定義⇓共有⇓振り返り。この3つの活動の繰り返しが肝となる。

【要件定義】

- そもそも何がその組織のノウハウとなり得るのか？　何をノウハウとして意識的に蓄積したいのか？

【共有】

- 日々の経験をどこに、どう蓄積するか？
- どのような「場」（例：定期ミーティング、グループウェアなどのＩＴツール）で共有するか？

【振り返り】

- 蓄積された経験を、いつ、どのようにメンバー全員で振り返るか？　他のメンバーの経験をどうやって知るか？　どの経験がノウハウとなり得るか？
- チームの強み、弱み（足りないノウハウ）は？　新たにノウハウと定義できるものはないか？

このサイクルを回して、初めて経験が組織のノウハウになる。個人の暗黙知が、集合知になるのだ。

とはいえ、繁忙期など目先の仕事で忙しい時期はなかなかこれらの活動に手が回らない。

筆者は「喉もと過ぎたら熱さ思い出そう」をオススメしている。

繁忙期が終わった、あるいは四半期や半期単位で、業務のサイクルが一段落して落ち着いたところに冷静に取り組みや経験を振り返る。繁忙のさなかでは、なかなか落ち着いて経験を言語化することは難しい。

一方、喉もとを過ぎた頃合いのほうが、冷静に、失敗やヒヤリ・ハットも言語化しやすいメリットがある。

<Business Point>

振り返り、知識化、暗黙知と組織知

「これまでのインシデント管理簿を紐解いてみない？」

翌日、約束通りアーサーと向き合った舞子。購買システムをリリースしてから、これまでに記録されたインシデントと対応記録を振り返ってみることにした。そこには舞子たち購買チームが遭遇したシステムトラブルや、問い合わせ対応や、クレームの内容などが綴られている。経験そのものだ。アーサーの悩みを解決しつつ、金沢のオーダーにも応えられる。

「あ、なるほど。これを見ながら、購買チームにどんなノウハウがたまってきたか、分類して整理すればいいっすね！」

珍しく遅刻しなかったアーサーの瞳が輝く。眠気が一気に吹っ飛んだ様子だ。

「でもって、このインシデント管理簿を見ながら『これってノウハウだよね！』って定義すれば、これから遭遇する事象もノウハウとしてとらえられるようになりますね！」

想定外にポジティブな言葉が飛び出す。やはり、事例発表をアーサーに任せたのは正解だったかもしれない。

「そうよ。私たちがやっている仕事をノウハウに変えていくんだから！」

舞子の攻撃力が、また上がったようだ。

第30話 「瞬間移動」の呪文を使いこなそう
～一度経験した仕事が再現可能になっているか？

購買システム運用チームの、過去半年の体験をノウハウ化しようと試みる舞子とアーサー。インシデント管理簿を読み返し、過去のインシデント（トラブル、クレーム、問い合わせ、突発オーダーなど）とそのときにとった対応を振り返った。こうして眺めているだけでも、インシデントの発生傾向がなんとなく見えてくる。「期変わりに多い問い合わせやクレーム」「夜間バッチ処理に関するトラブル」「システムのパフォーマンスを悪化させる事象と予兆」など。対応履歴も記入するようにしているので、誰がどう対応したかをたどることができるのもありがたい。

「ウチのチーム、結構ノウハウたまってきたんすね」

他人事のように感心するアーサー。しかし、次の瞬間、眉間にシワを寄せる。

「ただ、これだと過去の対応事例を探したいときなどに、探しにくいですね。後からこうしてじっくり眺めてノウハウを再確認する分には今のままでもいいと思いますけれど……」

言われてみればその通りだ。ユーザーから問い合わせやクレームを受けたとき、あるいはシステムトラブルが発生したとき、過去にどう対応したか悩むことがよくある。インシデント管理簿からすぐに探せるようにすれば、無駄に悩む時間もなくなるし、対応品質も一定する。たとえば、アキナとすけさんとで対応が違っては困る。後々のクレームにもつながりかねない。

「そうね。過去の知識にすぐにたどり着けるようにする。そのためのひと工夫が必要ね……」

アーサーにつられ、舞子も少し表情を険しくした。

＊＊＊

さあ、今日もドラクエ世界の冒険だ。今宵の舞子の旅のお供は、コンテ・エクストラ。ハードチーズの定番で、赤ワインがよく似合う。帰り道、輸入食材のお店で思わず買ってしまった。手早くスライスして、つい先月、同期の結婚式の引き出物でもらった小皿に並べる。ワインレッドのコントローラーを片手に、赤ワインとチーズをいただく。誰にも邪魔されない、自分の世界、自分の時間。舞子が勇者まいこの顔になる。

お酒の勢いも借りてか、今日の勇者まいこ一団は旅の進みがいい。次々にキーアイテムをゲットし、中ボスを攻略し、先へ先へと進む。コンテの食感も心地よい。

「あ、そうだ。いったん持ち物を預けに町に戻らなくちゃ……」

舞子は手馴れた手つきで、コマンド画面を操作。「じゅもん」→「ルーラ」を選択した。

ドラクエには「ルーラ」という呪文がある。過去に訪れたことのある町やお城に、瞬時に飛んでいける瞬間移動の呪文だ。

「ルーラって便利よね。時間のロスもなく、敵と無駄に遭遇することもなく、通勤ラッシュもなく行きたいところにひとっ飛びできるんだから♪」

呪文の効果音とともに、勇者まいこ一段は瞬く間に空へと消える。

「はて、購買システム運用チームのルーラって何だろう？」

舞子は、指先に付いたチーズのカスをウェットティッシュで拭った。

解説

未知を既知、または既視に変えていける組織は強い

過去の経験やノウハウはチームの宝。ところが、どんなに優れたノウハウも、探し当てられないのであれば意味が薄い。過去と同じインシデント、あるいは類似事象に遭遇したとき、すぐノウハウにたどり着けなければ時間をロスする。そもそも、それが同様または類似インシデントなのか判断できないことさえある。以前と違う対応をして、相手を怒らせることにもなりかねない。必要なときに、「瞬間移動の呪文」で必要なノウハウに飛んでいけるような環境を整えておきたい。

インシデントに遭遇したとき、それが「既知」か「未知」かをなのか考える習慣を持とう。

- 既知インシデント ⇓ すでに経験したことのある事象
- 未知インシデント ⇓ 初めて遭遇する事象

既知であれば、インシデント管理簿、あるいは手順化されたマニュアルなどを参照して淡々と対応すればよい。未知であれば、チームで相談して（あるいは専門の担当者や組織にエスカレーションして）対応策または対応方針を検討する。検討結果は、インシデント管理簿に残す。この繰り返しで、未知を次々に既知にしていく。

そのインシデントが既知か未知かは、チームレベルで判断したい。メンバー個人にとっては未知でも、チームにとっては既知であることはよくある。

新入社員や異動・転職者など、新規にチームに加わったメンバーは基本的にすべての事象が未知である。無駄にひとりで悩んでしまったり、あるいは他の人や前任者と異なる対応をして要らぬトラブルを生むことも。これは誰も幸せにならない。

とりわけ、新しいメンバーが加わった当初は、ひとりで悩まなくてもいいようなコミュニケーションのきっかけを作ったり、リーダーが率先して声をかけるなどの工夫も重要だ。

以下、既知化の取り組みの例を挙げる。

- 日々のインシデントの記録／報告
- 朝会／夕会を通じた、インシデント発生状況や対応状況のチーム内共有
- Slackなどのチャットツールを用いた、インシデント発生状況／対応状況の即時共有
- 定期的な勉強会、発表会実施によるノウハウ化、既知化

とはいえ、めったに発生しないレアケースの場合、どこまで事細かに事象を記録するか悩ましい。わざわざ重厚なマニュアルを作るのも時間がもったいない。その場合、既視感を増やす工夫をするといい。たとえば、繁忙期が終わった後に業務振り返り会をやり、大変だったエピソードを共有する(ざっくばらんな話し合いでもいい)。その結果、次のように、知識のありかを特定しやすくなる。

「確か、このパターン、以前、日野さんが遭遇して対応したって言っていたな……」
「以前、朝比奈さんが紹介してくれた本が参考になるかもしれない」

細かなマニュアルを作らなくても、既視感があるだけでも解決の速さやチームの一体感が変わる。

<Business Point>
既知化と既視化

「インシデント管理の運用方法を変えようと思うの。新規インシデントの採番ルールを変えます」

2日後の朝、舞子はチームメンバーが全員揃ったタイミングで、ホワイトボードを前に説明を始めた。

AMCPOYYYY_001

小気味良くホワイトボードマーカーを走らせる舞子。メンバー3人はきょとんとしている。

「上3桁のAMCはアリア機械、すなわちウチの会社。今後、購買システムはグループ会社展開することになるから、それが本体のインシデントかグループ会社のインシデントかわかるようにしておく必要があるわ。その識別子。PO＝購買システム運用チームの略。続いて西暦、そしてアンダーバーの後ろに連番を振っていく」

熱心にメモを取る、すけさんとアキナ。アーサーは腕組みしてうんうんとただ頷いている。

「これから、インシデントは基本的に下3桁の番号で呼んでいくことにするわ。とりわけ、よく発生するインシデントはそのほうが会話しやすいし、意識を合わせやすい」

舞子は拳にチカラを込める。

「確かに、『先月発生したあの件』とか言ってもピンと来なかったり、メンバー同士で違うインシデントを思い浮かべてすれ違って手戻りしたこと、結構ありますからね。番号で呼ぶの賛成です」

ワンテンポおいて、すけさんが賛同する。

「番号があれば、新規インシデントの対応を考えるときもスムーズになりそうですね。『このインシデントは、インシデント270番と同じやり方で対応しましょう！』みたいに。皆で同じところに飛んでいける。なんか、プロっぽくてカッコいいです！」

アキナものってきた。そうだ、自分たちはシステム運用のプロなのだ。

加えて、週1回のチームミーティングに、インシデント確認の時間を設けることにした。その週にメンバーが経験したインシデントを既知化および既視化するためだ。

この2つの方法は舞子がオリジナルで考えたものではない。昨日の夕方、ナレッジチームが開催する情報システム部内の事例発表会で、ネットワークサービス運用チームのリーダーに聞いたのだ。せっかくなら、部内でなるべく同じ運用にしておいたほうが何かと便利だ。チームを超えた情報の共有や悩みごとの相談もしやすいし、チーム間で人の異動が発生しても、新しいやり方に馴染みやすくなる。チームごとでバラバラのやり方をしていては非効率だ。

今まで、忙しさを言い訳にして事例発表会にまったく出たことがなかった舞子。昨日は他チームの参加者から、奇異なものを見るような視線を感じてきまりが悪かったが気にしない。すべてはチームの成長のためだ。なにより、舞子自身、他チームの良い取り組みを知ることができ、情報システム部に対してちょっぴり愛着を感じ始めていた。

第31話　格闘場に行こう
〜モンスターの特性を知り戦い方を考えるチャンス！

「ところで、ウチのインシデント管理ツール。なんで、Excelなんすかね？」

いまどきイケていないですよと言わんばかり。そんなアーサーのさりげない直球が、夕方の会議室に緩く響く。

理由などない。そこにExcelがあったからだ。舞子たち、購買システム運用チームは購買システムのリリース間際にいきなり発足した。「そういや、運用する人たちが必要だよね」程度の危機感で。当然、インシデント管理をどうするかなど誰も考えてはいない。さりとて、リリース後に発生するトラブルやクレームや問い合わせ。何かしらの形で管理する必要がある。でもって、手っ取り早くExcelで管理し始めた。こんな具合だ。

「でも、Excelの運用もそろそろ限界ですよね。情報量が増えてきて、過去のインシデントを探すのも大変ですし。重たくなってきましたし……」

すけさんも現状をよくは思っていなかったようだ。舞子もその問題はうすうす意識し始めていた。今後の、購買システムのグループ会社展開を見据えてもExcel管理はよろしくない。

「私、このチームのインシデント管理で、生まれて初めてExcel使いました！」

まさかの方向からのアキナの所感。これからはいわゆるOffice系アプリを使ったことのない人も増えていくことだろう。いよいよ、スマートな方法を考えていかなくては。

「俺も一応エンジニアですし、新しい技術やソリューションに触れてみたいっすねぇ……」

アーサーの問題意識は、エンジニアとして極めて健全だ。システムをグループ会社展開する大義名分もあることだし、ここはひとつ新しいやり方にチャレンジしてみるか。

「わかったわ。考えてみる……。アキナ、この課題もインシデントとして記録しておいてもらえるかしら？　確実にフォローできるように。『インシデント管理方法を検討する』って件名で登録よろしく」

舞子はいつものテンポで軽やかに指示をした。

＊＊＊

冒険再開。しかし、今日はフィールドには出ない。勇者まいこ率いる一団は、お城の地下へと続く階段を下りる。そこは格闘場。競馬場よろしく、モンスター同士を闘わせ、どのモンスターが勝つかを観客が賭けて遊ぶ遊戯施設だ。お城の荘厳な雰囲気とは一線を画した、繁華な世界。普段はギャンブルを一切しない舞子だが、勇者まいこはお好きな様子。気晴らしがてら、ちょくちょく立ち寄っている。

次の闘いに出場するモンスターの名前と倍率を見て、掛け金を決める。いざ、ファイト！　物々しい音楽とともに、画面が戦闘モードに切り替わる。モンスター同士、血で血を洗う闘い。どんな攻撃を仕掛けてくるのか？　どんな特技や呪文を使うのか？　観戦しているだけで勉強になる。勇者まいこが財産を託したモンスターの行方はいかに？

「あーん、また負けた！」

見事にハズレ。今夜も、二次元の世界の仮想通貨のクレジットが順調に目減りする。

「あー、もう本当に悔しいっ！　でも、こうしてモンスターの闘い方を見て学習できるのはメリットね」

ギャンブルに弱い舞子。負け惜しみともとれる独り言をテレビ画面に放つ。……と、そこであることに気が付いた。

「そうか、私たちも格闘場に出ていく必要があるのかもしれない。いろいろな闘い方、知っておかなくちゃだわ」

勇者まいこの持ち金は減った。引き換えに、課長代理・舞子は旅のヒントを得たようだ。

解説

闘い方の情報収集に出かけよう

情報収集、業界研究、マーケットリサーチ。

言うは易し、行うは難し。あなた自身は、あるいはあなたのチームは計画的にこれらのインプットができているだろうか?

たまには、仕事の手を休めて、世の中(業界他社、他業界など)の「闘い方」(業務改善や効率化の手法、テクノロジー、ITソリューションなど)を仕入れるのも個人とチーム、双方の成長のために大事だ。

- **ソリューションフェアや技術イベント**
- **ITベンダーが主催する製品イベントや交流会**
- **有志が主催するLT(ライトニングトーク)大会**

最近では、同じ職種の人同士がオンラインで参加できる勉強会などもある(全国のITインフラエンジニアが集う「インフラ勉強会」など)。仕事に直結するテーマ、個人的に興味のあるテーマからでも構わない。業務の一環として、あるいは自助努力で意識してインプットを仕入れよう。

日々の忙しさに流されて、昨日も今日も残業続き。なかなか外に出る時間がない。しかし、それではいつまでたっても業務改善はできないし、仕事のやり方もどんどん陳腐化する。時代遅れの仕事のやり方で、効率化できるはずの仕事に忙殺される毎日。これでは個人も組織も成長しない。じわりじわり、あなたとメンバーの市場価値を下げる。そして、時代遅れの魅力のない組織に、魅力的な人は集まらない。

外に出て、仕事のやり方と自分自身をアップデートしよう！

<Business Point>

外を知る

「明日、一日外出するからよろしく」

翌朝、舞子は軽やかに宣言した。

「品川で開催されている、ソリューションフェアを見てこようと思うの。最新のインシデント管理ツールの展示や、ITサービスマネジメントのトレンドの基調講演もあるみたい」

パンフレットにはServiceNow、Redmine、LMISなどのプロジェクト管理ツールや、ITサービスマネジメントソリューションの名前が並ぶ。

「ずるい、舞子さんだけ!」

自分も行かせろと言わんばかりの口調で、アーサーが茶々を入れる。

「これから皆で手分けして、世の中のソリューションの情報収集をしようと思うの。まず優先してインシデント管理の脱Excel化を進めたいけれど、私たちの課題はそれだけではないわ」

インシデント情報やタスクを管理するマネジメントツール、運用状況を可視化するツール、チームのコラボレーションを促進する情報共有基盤、それらを外出先からでも閲覧/操作できるモバイルソリューション。運用自動化。DevOps……購買システムのグループ会社展開と運用体制拡大を見据え、仕入れておきたい情報はたくさんある。

「はい！　私、ウェブ系のカンファレンスを聴いてみたいです」

アキナものってきた。すけさんも、興味深そうに舞子が広げたパンフレットに見入っている。

「購買部さんも誘ってみましょう。ユーザーにＩＴのトレンドを知ってもらうのも、私たち情シス部門の大事な役割よ」

そのためにも、自分たちが井の中の蛙であってはいけない。舞子は自分自身にも言い聞かせた。

第6章
ブランドマネジメント

第32話　「ひとり旅の洞窟」に学ぶ、仕事が回るチームのつくり方

「えっ、購買システム、一宮《いちのみや》にも展開するんですか⁉」

帰り際、衣笠に呼ばれて対面する舞子。その金切り声に共鳴し、観葉植物の葉が微かに揺れる。

舞子たちが運用する購買システム。愛知県一宮市の事業所への導入が経営会議で決まったとのことだ。一宮の社員と派遣社員が可及的速やかにシステムを使えるよう、急ぎ対応すること。衣笠は付け加えた。

「え、でもそれおかしくないですか？　そもそも一宮には購買担当部門がないから、システム導入対象外……だったはずですよね？」

合点が行かない様子の舞子。舞子の言う通り、アリア機械の一宮事業所は購買担当組織を持たない。事業所で使用する部材や消耗品の購入手配や受け入れは、すべて名古屋支社の購買課が代行している。よって、購買システムを導入しない計画だった。

「ほら、最近名古屋支社、好調じゃない。業務量が増えて、一宮の購買業務まで手が回らなくなってきたんだって。で、名古屋の支社長が経営会議で直訴して、急遽、一宮にも購買課を作ることにしたみたいよ」

――なるほど、そういうことか。声の大きなお偉いさんが騒いで方針が変わる。ウチの会社らしいというかなんというか。「可及的速やか」って指示も、いかにもだ。

これまで幾多の「可及的速やか」に振り回されてきた舞子。今さら驚かない。それより、業務をどうやりくりするかが悩ましい。舞子は目下、購買システムのグループ会社展開の段取りと計画で忙しい。アーサーとすけさんも手一杯だ。まさかの突発案件。どうやって対応しよう……。

「ところで、新人の日野さんは順調に育っている？」

不意に、衣笠は話題を変えた。どうしたのだろう。衣笠がメンバーのことを気にするなんて珍しい。アキナが育っているかどうか？　唐突な質問に、舞子はまごつく。

「ほら、並木さんも、そろそろそういう時期だからさ……まあ、きちんと育っているならいいんだけれどね」

そういう時期？　お茶を濁すような一言。舞子はさらに首を傾げる。

「とにかくなんとかして、一宮の件、対応してもらえるかな？　よろしくお願いします」

それだけ言い残すと、衣笠は応接室をそそくさと出ていった。

＊＊＊

ドラクエⅢの冒険も半ばを過ぎ、ひときわ面白くなってきた。船を手に入れたメンバーは、海をまたいで自由自在に移動。行く先々で遭遇するさまざまなイベントに胸が弾む。もっとも、今日飛び込んできた突発イベントは悩ましいけれども。

パーティーは船を降り、新たな大地に足を踏み入れる。間もなく集落が見えてきた。

ランシールの村。小さな村だが、中心に立派な神殿がそびえ勇者まいこ一団を圧倒する。

「そうそう、思い出した！　確か、この奥に洞窟があるのよね。あ、でも、確か1人しか入れないんだっけ……」

ライムサワーのほろ酔いが、良い具合に舞子の脳内検索エンジンを動かす。今日はいつもよりお酒の回りが早い。

「ここは勇気を試される神殿じゃ。たとえ1人でも戦う勇気がお前にはあるか？」

舞子の記憶は正しかった。神殿に入ることが許されるのは1名のみ。神父の問いに「はい」と答え、先頭の勇者に白羽の矢を立てる。残りの3人は神殿の外で待機。洞窟では、たった1人の勇者に強い魔物が次から次に襲いかかる。どの方向へ進むか、判断を求められるシーンも。なかなかしんどいが、ここをクリアしないと冒険の旅は先に進まない。

「この洞窟、本当に試されるわー」

ミッションコンプリート。命からがら、脱出して一息つく舞子。地上シーンの画面がひときわ眩しい。その瞬間、チームメンバーの姿が画面の勇者と重なる。

「そうか。そろそろ、メンバーにひとり旅させてみてもいいかもしれないわね……」

舞子はライムサワーの空き缶を手にとってつぶやいた。

解説

かわいい子には旅をさせる

新入社員をいつ一人立ちさせるか？　リーダーにとって悩ましいテーマだ。早すぎてもいけないし、遅すぎるのも本人の成長を阻害する。なにより、チームの生産性が上がらない。任せ方も重要だ。丸投げは相手のモチベーションを下げるし、トラブルや手戻りのリスクもある。さりとて、細かに指示しすぎるのもよろしくない。

ここでは、メンバーをうまく一人立ちさせる、仕事の任せ方を考えてみたい。

任せることと丸投げは違う。目的や期待値を伝えよう

「この仕事あなたに任せた！　あとはよろしく！」

残念ながら、これでは丸投げと取られても仕方がない。任せることと丸投げすることは違う。丸投げを「任せる」に変えるにはどうしたらいいか？　リーダーは以下を意識して伝達しよう。

その仕事の目的は？

「なぜその仕事をするのか？」という背景や目的を伝えよう。そうでないと、部下は「使われている」感しか持たなくなり、やらされ感を募らせる。目的の伝達は、部下の目線を上げる効果もある。たとえば、あなたが倉庫の棚卸しの作業を部下に任せるとする。「とにかくやれ」では部下は作業者にしかなり得ない。会計の説明をしたらどうだろう？　間違いなく、部下の目線は一段上がる。仕事の目的を伝える＝それ自体が部下の育成につながるのだ。

相手への期待値は？

この仕事で部下に何を身に付けてほしいか？　どう振る舞ってほしいか？　期待値を説明しよう。部下の意識的な経験学習（経験を通じて学習をする行い）を促すことができる。

成果物は何か？

その仕事の完了状態、あるいは達成状態は？　すなわち、アウトプットのイメージをリーダーと部下で合わせておこう。後々になって行き違いが起こると、お互いの信頼関係に影響する。

巻き込むべき人は？

その仕事を完遂するために巻き込むべき関係者は誰か？　相談すべき部署、あるいは外部の専門家は？

その仕事のインプットは？

仕事とは、インプットを成果物（アウトプット）に変える行為である。インプットを与える、あるいは示すのも大事。どのデータを使ったらいいか？　参照すべき書籍や資料は？　インプットが曖昧だと、成果物の品質もブレる。

使ってよいリソースは？

「先輩を頼ってもいいぞ」「私を使ってくれていいから」「予算使っていいぞ」「一部は外注してもいいよ」。その一言があるとないとで、仕事の進め方の幅が変わってくる。使ってよいリソースはなるべく積極的に示してあげよう。また、リソースを使う経験も大事な育成である。

報連相のタイミングと手段

報連相をしてもらうタイミングと方法（打ち合わせをするのか、メールやメッセンジャーで行うのか）を最初に決めておくといい。報連相のタイミングは、以下のいずれかの条件で決めてはどうか？　報連相をするきっかけが明確になり、お互い無駄に悩まなくて済む。
＜日程を決めておく＞
例：毎週火曜日の13時に報告する。
＜実行条件を決めておく＞
例：資料のラフ案ができたら、報告する。

アラートをあげる条件

部下に助けを求めさせる条件を示す。「2時間考えて、わからなかったら聞きに来て」「性能に関するクレームが来たら、先輩にエスカレーションすること」。それだけで、部下はひとりで抱え込まずに済む。また、どんなときにリーダーを頼っていいのかがわかり、部下の安心感にもつながる。「困ったら相談して」「報連相しに来い」と言うだけでは、部下はうまく動けないことがある。「こんな細かいこと相談したら迷惑がられそうだ」「忙しそうにしている上司、報告の時間を取るのは申し訳ない」……こんな優しさと責任感から、あなたへの報連相や「ヘルプ！」をためらっている可能性もある。なるべく条件を示そう。

もちろん、すべてを細かく示す必要はない。部下に考えさせる、提案させるのも大事な育成だ。あえてつまずかせたほうが本人のためになることもあるだろう。その場合、「これはあなたの育成だから、まず自分で考えてみてほしい」。このメッセージを伝えよう。丸投げと「任せる」の大きな違いはそこだ。

任せる＝相手を信頼する行為。人は自分を信頼してくれない相手は、信頼しない

任せる＝相手を信頼することに他ならない（ただし、丸投げはともすれば相手は「自分が軽く見られている」と不信感を募らせる場合も）。すなわち、相手に仕事を任せることは「あなたを信頼しています」のメッセージなのだ。そして、人は自分を信頼してくれない相手を信頼しようと思わない。常に自分を手駒のように扱い、ろくに情報も与えてくれない。「任せた！」と言ったくせに、細かくあれこれ指示してくる。そんな態度で接してくるリーダーを、部下は信頼できるだろうか？　信頼関係はギブ・アンド・テイクで醸成される。自ら与えよう。

「任せる」は部下のみならず、リーダー自身の成長機会でもある。丸投げ（あるいはリーダーが仕事を抱え過ぎ）の手を止めて、任せられる仕事のやり方にシフトしたい。

<Business Point>

任せる、信頼関係構築

「わ、私が行くんですか⁉」

いつもの丸い目を、さらに丸くするアキナ。舞子はわざとらしいくらい大きく首を縦に振る。一宮事業所への購買システムの導入説明と操作支援。思い切って、アキナに任せてみることにした。

「え、そ、そんなそんな。ひとりでなんて絶対ムリですって。だ、だって、私、今まで問い合わせ対応くらいしかしたことないですよ……」

今の購買システム運用チームに、2人以上を出張に差し出す時間的な余裕はない。誰かひとりで行ってもらうしかない。舞子もアーサーもすけさんも、既存の案件で本社を離れるわけにはいかない。幸い、アキナの仕事は他の3人が代行することができる。よって、アキナに出張してもらうのが最適だ。なにより、これはアキナの育成の機会でもある。舞子は丁寧に説明した。

「ま、まぁ、たまには外に出るのも楽しそう……、あ！　で、でも……やっぱりひとりは怖いかなぁなんて」

もちろん、それまでに必要なサポートはする。当日、本社からは購買部の担当者も同行するはずだから完全にひとりぼっちにはならない。舞子は、アキナの心配を一つひとつ解きほぐす。

「わかりました。私、チャレンジしてみます。それまでに、もう1回、購買システムの機能を勉強しますね！」

アキナの瞳の中を泳いでいた不安、少し和らいだようだ。舞子はにこりと微笑みかけ、次の会議に向かった。

「ところで……一宮ってどこにあるんですか？」

アキナは舞子がいなくなったのを確認し、すけさんにそっと耳打ちした。

第33話　妖精の隠れ里の憂鬱～傷ついた信用はなかなか回復できない

「人間には物は売れませんわ。おひきとりあそばせ。」

ドラクエはファンタジーでありながら、現実世界の生き写しだ。今夜の世界はドラクエⅢ。そして、現実の世界と同様、冒険者はさまざまな理不尽に遭遇する。

ここはエルフの隠れ里。ノアニールの村の西に佇む小さな集落だ。モンスターとの戦いを終え、ようやくたどり着いた勇者まいこと仲間たち。旅の情報を得ようと、エルフに話しかける。しかし、他の街の人たちとは勝手が違う。

「人間と話しちゃママに叱られちゃう」

「ひーっ人間だわ！　さらわれてしまうわ！」

どうも様子がおかしい。商売人の道具屋の店主とて、先の有様。ここに住むエルフたち、人間を毛嫌いしている。なんでも、村の青年がエルフの姫君と駆け落ちしたことが原因との由。

2人の消息はわかっていない。

——そうはいっても、こっちにも事情ってものがあるんだから……。

エルフたちの素っ気ない態度にイラつく舞子。たとえ嫌われようが、勇者まいこたちは先に進まなければならない。こちとら、魔王を倒して世界平和を取り戻すミッションを背負っているのだ。ローカルな事情に「はい、そうですか」と引き下がるわけにはいかない。意を決して、エルフの女王に接見する。しかし、

「人間など見たくもありません。立ち去りなさい」

なしのつぶて。冷たくあしらわれる。

――それにしても、エライ嫌われようね……。

坊主憎けりゃ袈裟まで憎いとはよく言ったものだ。などと、感心している場合ではない。地に堕ちた人間のブランドイメージ。なんとか打開する方法はないものか。と、そこで舞子はふと我に帰る。

「そういえば、一宮事業所って……本社情シス嫌いの代表格じゃなかったかしら……」

その瞬間、画面の中のエルフたちが、現実世界の舞子たちをにらんでいるように見える。舞子は嫌な胸騒ぎを覚えた。

＊＊＊

「はぁ、情シス⁉　何しに来たんですか？　仕事の邪魔だから、とっとと帰ってくれ！」

一宮事業所を訪問した舞子とアキナ、まさかの門前払い。購買課の課長は、冷ややかな態度で2人を追い返そうとする。

舞子の胸騒ぎは的中した。本社情報システム部と一宮事業所の確執は根深い。あれは確か5年前、品質管理システムを導入したとき、情シスと事業所でひと悶着あったそうなのだ。情シスは現場に一度も顔を出さずに、本社主導で勝手にパッケージソフトウェアを決めて無理やり入れようとした。案の定、現場は大混乱。機能も使いこなせなければ、そもそも業務にマッチしていなくて無駄な手作業が増える結果に。間に立っていた本社品質管理部の担当者も、逃げ出す始末。

さらに去年、事業所のネットワーク更改のときにも情シスはやらかしている。ろくに現地調査をせず、回線業者と工事業者にほぼ丸投げ。トラブルが相次ぎ、ネットワークが半日使用不能になり業務を止めた。

いずれも、他のチームの仕業とはいえ、事業所の人たちから見たら同じ情報システム部。これでは、舞子のチームが嫌われても仕方がない。

応接コーナーに立ち尽くす舞子とアキナ。本来、この場に購買部の担当者もいる予定だったのだが、嫌な空気を察したのか急に欠席(おそらく、逃げ出したのだろう)。そうなると、本社サイドはアキナひとり。さすがにそれは酷だろうと思い、急遽、舞子も同行したのだ。それにしても、予想を遥かに上回る嫌われっぷり。何を言っても暖簾に腕押しだ。

「いったん本社に帰ろうか?」

このまま足踏みしていても無駄だと判断した舞子。他の仕事も抱えており、いつまでもここにいるわけにいかない。携帯電話を取り出して、帰りのタクシーを呼ぶ。ところが、アキナは意外な反応を示す。

「あの……私、ここに残ります。残りたいです！」

想定外のリアクションに、舞子は耳を疑った。この修羅場に残りたい？　新人のアキナがひとりで？　アキナは構わず続ける。

「このまま帰ってしまったら、もう二度と情シスは信頼されないと思います。舞子さんは、それでいいんですか？」

上司の背中に訴えかけるアキナ。大きな瞳に力がみなぎる。

「いや、でも一宮への購買システム導入は、経営会議で決まったことだから。いったん戻って、本社からトップダウンで落としてもらえば彼らもイヤとは……」

舞子の言うことは間違っていない。組織とはそういうものだ。

「私、そういうの苦手です。もちろん、本社から命令されれば現場の皆さんは動くでしょう。でも、無理やりやらされた仕事って正直どうなんでしょう？　イヤイヤムードでいい仕事ができると思えません。同じ会社の仲間同士、どうせなら気持ちよく仕事したいじゃないですか。やらされ感満載の人たちに囲まれて、嫌われながら仕事するの、私もイヤかも。……

それって、ワガママですか?」

切なげに目線をそらすアキナ。最後の一言は、若干弱々しい。今まで無駄に頑張らず、仕事に対して受け身な子だと思っていたが、彼女なりの仕事観を持ててきているようだ。

――ここはひとつ、メンバーを信じてみるか。

「わかった。じゃあ、ここはアキナに任せる!」

この場をアキナに託し、舞子はちょうど到着したタクシーの後部座席に消えた。

＊＊＊

2日後。朝イチの部内会議を終えた舞子は、昼休みを待たずして新幹線に飛び乗った。一宮事業所に残したアキナの様子を見に行くためだ。窓辺の景色が落ち着かない。アキナは、とりあえず購買課の現場には入れてもらえたらしいが、理不尽な扱いを受けていないか? 傷つくようなことを言われていないか? 舞子の不安は車両の加速に合わせて増幅する。

「あっ、舞子さん。お疲れ様です!」

予想に反して明るいアキナ。元気に舞子を迎える。それよりも、アキナの見慣れない格好が舞子を驚かせた。作業服にヘルメット。満面の笑みを浮かべている。よく見ると、長い髪と頬がところどころ埃をまとっている。

「いったい、どうしたの？　その格好……。それに、埃だらけじゃない」

まさか、購買課の人たちに袋叩きにされていたのでは？

「ここの床下のネットワークの配線を手伝っていたんです！」

床下？　配線？　今回のミッションでは、ネットワーク構成の変更も作業も必要ないはずだが……。舞子の頭は混乱した。

購買課のオフィスを歩きながら、アキナはいきさつを説明する。

舞子が帰った日、アキナはそのまま購買課長が出てくるのをじっと待った。トイレ休憩のタイミングを狙って課長を捕まえる。そこで、必死にお願いした。「購買システムを導入してくれなくてもいい。ただ、情シス部員として役に立てることがあれば手伝わせてくれ。自分を使ってくれ」と。アキナはようやくフロアに入れてもらえた。

「ちょうどフロアのレイアウト変更のタイミングだったんです。でも、ネットワークに詳しい人が誰もいないみたいで、購買課の皆さんすごく困っていて……」

そこでアキナが手を挙げた。とはいえ、アキナ自身、ネットワークに詳しいわけではない。新入社員研修で習った基礎知識を思い出しつつ、本社のネットワークチームの同期に電話しながらアドバイスを乞い、購買課の人たちと一緒に悩んで手探りしている。

「この作業着とヘルメット、購買課長さんがくれたんですよ！　えへへ」

嬉しそうに微笑むアキナ。そのぎこちない笑顔が頼もしい。


「あ、アキナちゃん。会議室準備できたから、そろそろ来て。皆もう集まって待っているよ！」

ベテランと思しき女性の事務員がアキナを手招きする。いったい何が始まるのだろう？

「これからExcel講座をやるんです。昨日、操作に困っている事務員さんがいて、ショートカットキーや関数を教えたら、すごく喜んでくれて。で、先生をお願いされちゃいました！」

——なるほど、そういうことね。でも、アキナ自身、購買チームに来るまでExcel触ったことなかったって言っていなかったっけ？

そう。アキナは新入社員なりに自分が出せる価値とは何かを考え、一生懸命、冒険しているのだ。壇上で講義をする横顔に、舞子は部下の成長を見た。


「並木さん、ちょっと……」

不意に、購買課長に呼ばれて廊下に出る。

「日野さん、私たちの方を向いてとても頑張ってくれていますね。こんなに現場に寄り添ってくれる本社の人も珍しい」

会議室からアキナの声、少し遅れて事務員さんたちの笑い声が聞こえてくる。

「私は正直、情報システム部のことが好きではありません。しかし、日野さんとならお仕事をご一緒したい」

購買課長は、丁寧に言葉を選びながら心中を明かす。

「あと2日。2日だけ、日野さんを貸していただけませんか？　2日あれば、購買システムの導入と操作説明をしていただけるかなって思いまして……」

本当はずっとここにいてほしいのだけれども。購買課長はそう付け加えて、舞子に頭を下げた。


その夜、一宮駅前の居酒屋でアキナと食べた焼き鳥の味は格別だった。

解説

組織のブランディング、チームのブランディング

「自部署のプレゼンスが低い」
「他部署が協力的でない」

このような悩みを最近よく聞く。良い仕事をするためには、良い仲間や部署間連携は欠かせない。

そのためにも、「自分たちの価値は何で、相手にどう貢献できるか?」を考えて↓議論して↓開示して↓実践する。この一連の取り組みが重要だ。こうして、あなたの組織やチームの強みは強化される。ここでは、リーダーが率先して取り組んでほしい4つの行動を紹介する。

❶自分たちのビジョン、ミッションを確認する

自部署は何を大切にするのか? どんな価値を出すのか? 自チームは何で勝っていくのか? ビジョンやミッションをまず確認しよう。ビジョンやミッションがなければ、リーダーが率先してチーム単位のビジョンやミッションを設定してみる。これがないと、その組織は「人

の寄せ集め集団」「何でも屋」「形骸化した組織」になりがち。当然、プレゼンスも上がらない。

❷「強み」「弱み」を認識する

年に1回で構わない。部署単位、あるいはチーム単位で自分たちの「強み」「弱み」を洗い出してみよう。ホワイトボードに書き出す、模造紙に書き出す。「強み」「弱み」の可視化が、「その組織がどんな価値で勝負しているか?」を各自が考える足がかりになる。

❸顧客接点をとらえる

顧客接点(カスタマータッチポイント)という言葉がある。マーケティング用語で、企業や製品サービスとお客様との接点だ。たとえば、テレビCM、ショールーム、販売店、コールセンターなど。

舞子のような社内組織(例:企業の情報システム部門)においても顧客接点の把握と活用は大事だ。ここでは顧客=社内の関係者(オーナやユーザー)ととらえる。社内の関係者と、どのような接点があるか? あるいは接点を作れていないのではないか? 現状と理想を定義してほしい。

❹自己開示する

自分たちは何をする部署か？　今年度や中長期、何を目指しているのか？　どんな能力や価値があるのか？　相手にどう貢献するのか？　リーダーやメンバーはどんな顔ぶれで、どんなことを考えているのか？　顧客接点をとらえて(あるいは創って)自己開示しよう。

社内報、イントラネットの部署紹介ページ、事例発表会……既存の方法を活用する手もある。あるいは新たな方法にチャレンジしてもいい。

組織名のわかりにくさが、自己開示を悪戯に妨げているケースもある。「○○イノベーション部」「△△アライアンスコーディネーション担当」……いまいち何をする部署なのか、何をしてくれる人なのかわかりにくい。中の人たちですら、自分たちの仕事を説明できない。これは組織と個人、双方の価値を減ずる。わかりやすい価値提供を心がけよう。

❶～❹ができたら、後は個人が行動するのみ。日々の業務を通じ、その組織やチーム「らしさ」を現場で発揮する、体現する。アキナは、自分なりに本社の情報システム部門らしさを考え行動した。この蓄積が、その組織やチームのブランド価値を向上させる。周りから信頼を得て、よりチャレンジしがいのある仕事や人が集まるようになる。

あなたたちの価値を決めてくれるのは相手だ。相手＝社内の他部署かもしれないし、社外の顧客かもしれないし、取引先かもしれない。相手に価値を決めてもらえるような接点作り、機会作り、そして行動。言い換えれば、あなたの組織やチームを他者に経験してもらう。そのユーザーエクスペリエンス作りこそ、強い組織、強いチームを育てるエンジンと言えよう。

<Business Point>

組織のブランディング、チームのブランディング、ユーザーエクスペリエンス

第34話　リーダー大ピンチ、そのときメンバーたちは戦えるか!?

アキナが一宮事業所から帰ってきた。成長という名のお土産を携えて。購買システム導入のミッションを通じて、事業所の面々ともすっかり仲良くなった様子。人のつながりも広がったようだ。舞子はほっと胸をなでおろす。

……と、手放しで喜んでもいられない。舞子自身のタスクは重くなる一方だ。正月休みが明けてから、ここ2～3週間は特に。購買システムのグループ会社展開を翌年度に控え、連日打ち合わせや資料作りに追われている。展開計画、運用の統合検討、運用体制検討、システム利用料の課金／回収スキーム、ユーザー教育計画……息つく暇がない。

久々に、そこそこ健康的な時間に帰宅した舞子。ドラクエⅢの世界に浸かり、勇者まいこの顔になる。4人パーティーは順調にレベルを上げ、冒険の旅も終盤に近づく。宿屋で休憩する時間も惜しく、次から次に強敵と戦い先に進む。と、勇者まいこが毒に冒された。毒を持つモンスターの攻撃を受けた際、やられたようだ。毒はじわりじわり、勇者まいこの体を蝕む。フィールドを歩くたび、減っていくＨＰ（ヒットポイント）。しかし、指揮官（プレイヤー）舞子はそれに気が付かない。次のモンスターに遭遇し、戦闘画面に切り替わる。そこで、舞子はようやく異変に気付く。

「ちょっと、なんで勇者こんなにＨＰ減っているのよ！　……えっ、毒にやられていたの？　あ、ああっ……」

解毒する間もなく、敵の先制攻撃を浴びる。勇者は死んでしまった！　突然の戦力ダウンにあたふたする舞子。間もなく、パーティーは全滅した。

「もう、せっかくここまで来たのに、何なのよ！」

苛立ちの気持ちを、画面にぶつける舞子。そのときだった。

ズキッ

舞子の胸に激痛が走る。とっさにテーブルの右端をつかむ舞子。前屈みの姿勢で痛みを和らげようとする。

――どうしたんだろう。最近、時々胸が苦しくなるのよね。

そういえば、夕方、会議に出ているときも変な息切れがした。呼吸を整えながら思い返す。

きっと疲れているのだろう。今日は仕事もドラクエも店じまい。舞子は、早々に床に就いた。

＊＊＊

翌朝もどうも体調が優れない。真冬の放射冷却が、疲れた体に追い討ちをかける。しかし、そうも言っていられない。

――きっと、気のせいよ。

舞子は自分にそう言い聞かせ、リーダーの顔を整えて出社する。

オフィスに着いたとたん、いつものテンションが戻ってきた。いつも通り、テキパキとメールをさばき、会議の資料に目を通す。やはり、体調が悪いのは気のせいだったようだ。連日の寒さで、体が凝っていたのだろう。遅刻ギリギリで出社したアーサーを捕まえて、打ち合わせ卓で来月リリースの追加機能の要件レビューをする。

ディスプレイにノートPCをつなげて資料を説明するアーサー。一通りの説明を聞き終えて、舞子がコメントしようとしたそのときだった。

ズキッ、ズキズキッ……

昨夜と同じ痛みが、再び舞子の胸を走る。いや、昨日とは違う。痛みは徐々に重たさを増し、舞子の胸に体の内側からのしかかってくる。

――う、ううっ。

舞子はその場に突っ伏した。声にならない呻き声を上げて。

「ちょっと舞子さんやめてくださいよ。大袈裟だなあ、そんなに俺の説明ヤバかったっすか?」

上司の異変を信じないアーサー。しかしそれは大袈裟な演技などではない。紛れもない事実だ。それに気付いた瞬間、アーサーの顔色が変わる。

「舞子さん⁉　え、マジっすか⁉　ちょっと、ちょっと……」

ワンピース越し、強張った肩に微かに触れるアーサー。

「おいっ、舞子さんが大変だ!」

フロアは騒然となった。すけさんが真っ先に駆けつける。

「舞子さん!　舞子さん!　聞こえますか?　舞子さん!」

大きな顔を机に近づけて、舞子の顔を覗き込みながら拳でトントンと机を叩く。舞子は右手の指を微かに動かして応答する。大丈夫、意識はあるようだ。

「誰か、救急車!」

他チームの社員も総出でフロアを駆け回る。朦朧とする中、舞子は誰かが毛布をかけたのを背中に感じた。

15分ほど経っただろうか。担架を担いだ救急隊が到着した。フロアは新たな緊迫感に包まれる。舞子は自分の体が抱きかかえられ、持ち上げられるのを感じた。もう自分の意志でどうすることもできない。

「……ご、ごめんね。私は、だ、大丈夫だから……」

担架に運ばれながら、舞子は口を動かそうとする。少し意識が戻ってきたようだ。

「無理にしゃべっちゃダメっす！　まったく、そうやってすぐ無理しようとするんだから……」

呆れ声のアーサーに、斜め上から一喝される。まさか、いつも叱ってばかりのアーサーに叱られるとは。

「で、でも、大事な仕事が……」

「仕事のことは忘れてください。僕たちがやっておきますから」

担架の滑らかな動きを、すけさんの足音がズッシリと追いかける。

「心配しないでください。僕たちはもう十分に強いです」

メンバー3人の顔が、舞子の宙を遮る。その顔ぶれは、いつになく頼もしく見えた。

「私たち、舞子さんの部下ですから！」

アキナは舞子の握る手に力を込めた。そういえば、舞子はさっきから右手に優しさを感じていた。アキナがずっと手を握ってくれていたのだ。

再び世界が遠のく。薄れ行く意識の中、舞子はアキナの手のぬくもりに身を委ねた。冷たかったが、とても温かかった。舞子はゆっくり瞼を閉じた。

解説

「リーダー不在、メンバー迷走!?」そうならないように

リーダーが強いチームは、チームそのものが強い……とは限らない。リーダーがいないと判断できないチーム。リーダーがプレイ部分を持ちすぎて機能不全に陥るチーム。いずれも、組織として脆弱である。強いチームは、リーダーが不在でもある程度、動けるようにしている。そのポイントを見てみよう。

リーダーこそ、自分の仕事を棚卸しする

仕事の棚卸しは業務改善の基本である。チームメンバーで集まって、自分のチームにどんな仕事があるのか？　定常業務、非定常業務含めて最低、年１回は棚卸しして景色を合わせてほしい。

意外と棚卸しされないのが、リーダーの仕事。組織運営や部門間調整、特命オーダーの対応など、管理職やプロジェクトマネージャー特有の仕事は、言語化されず、ひとりで抱え込んでしまうことがよくある。よほど秘匿性の高い案件はさておき、これらリーダーの仕事も棚卸

し、メンバーに存在くらいは知らせておいたほうがいい。

普段からポリシーを示す

前項の重要事項再び。部署やチームとして何を優先するか? 何を大切に考えるか? チームのポリシーは普段からメンバーと共有し、意識を合わせておきたい。リーダー不在の状況で、メンバーが主体的に動ける職場にはポリシーがある。ポリシーはメンバーの主体性を育てるのだ。

普段から任せる

リーダーが仕事を抱え込みすぎない。そのためには、普段から仕事を部下に任せること。任せる=相手に対する信頼のサインだ。そして、信頼された人は相手に報いようとする。任せることは、業務の脆弱性の排除のみならず、チームの信頼関係構築とメンバーの主体性の向上に寄与するのだ。

たまには、いなくなってみるのも大事

リーダーのあなた。たまにはいなくなってみよう。
試しに、来週1週間、有給休暇を取ってバカンスに繰り出してみてはいかがだろうか?

週1回、テレワークをしてみては?

リーダーが常にそこにいる。だから、部下はリーダーの指示待ちになる。部下に仕事のチャンスが回ってこない。こうして悪気なく部下の主体性や成長機会を奪っている組織は珍しくない。

「自分がいないと業務が回らなくなるのではないか?」

残念ながら(?)、たいていの仕事はリーダーのあなたがいなくても回る。

とりあえず、リーダーがしばらくいなくなってみよう。休み明け、自分がいなくても仕事が回るとことに気付く。そこに寂しさを覚えるリーダーもいるが、むしろ喜んだほうがいい。メンバーが成長している証拠なのだから。

もちろん、あなたが不在で仕事が回らなければ、これを機に本気で業務を再設計してほしい。リーダー不在でも回る組織を作る。それも、リーダーの責任である。

<Business Point>

リーダーの仕事の棚卸し、ポリシーの共有、任せる

エピローグ　そして成長へ……

舞子の回復は早かった。原因は過労。病院で点滴を打ち、３日間休養する。

久々に出社するオフィス。救急車騒ぎを起こした後だけに、なんとも気恥ずかしい。舞子は自席に駆け寄って手早くノートＰＣを小脇に抱え、ささっと応接室に入った。

「やあ、ゆっくり休めましたか？」

衣笠がスローな口調で様子を伺う。

「おかげさまで。ご迷惑をおかけして、すみませんでした……」

ひたすら頭を下げる舞子。今まで散々つっかかってきた相手だけに、どうにもきまりが悪い。

「いやいや。並木さんに無理させすぎてしまって、上司として本当に申し訳ないと思っています。これを機に、体制も検討しないとね」

いつも通り、ハンカチを取り出して額の汗を拭く。

「私が休んでいる間、メンバーは問題なかったでしょうか？」

舞子はそれがなにより気になっていた。

「うん。皆、協力してよくやってくれていたよ。並木さんが、インシデント管理の仕組みを整えてくれたり、チームとして優先すべき仕事を明確に伝えてくれていたからか、3人ともテキパキ動いてくれてね。大したもんですよ」

まさかこんな形で、メンバーに助けられるとは。いつの間にやらのメンバーの成長。嬉しくもあり、ちょっぴり寂しくもある。複雑な気持ちで、舞子は再び上司の顔を見上げる。

「まあ、あまり無理しすぎないようにやってください。早上がりしてくれてもいいし、テレワークしてもらってもいいから。あ、そうそう、それと……」

衣笠はのっそりと体をかがめて、カバンを漁る。

「これ、例の書類ね。後でゆっくり見ておいてください」

大きな茶封筒が手渡された。

「おっと、もうこんな時間だ。そろそろ出ないとね！」

2人は掛時計を見やる。今日は、記念すべきアーサーの晴れ舞台だ。舞子は封筒を急いでバッグにしまい、衣笠と一緒にフロアを出た。

2人を乗せたタクシーは、外堀通りを快調に飛ばす。2月の朝の澄みきった青空が、銀座の街並みをいつもより美しく窓辺に映し出していた。行き先は有楽町の東京国際フォーラム。広報チームから依頼された、機械装置産業の情報システム部門の事例発表会。ここでアーサーが熱弁をふるう。

会場は熱気に包まれていた。入り口の人並みを掻き分けて、メンバーたちの姿を探す。すけさんが気付いて手を振った。舞子はアキナの左隣の席に滑り込む。間もなくして、黒いスーツ姿の人影がぬっと姿を現す。

「ちょ……聞いてないですよ！　なんですか、この大会場！　30人くらいの小規模な分科会って話だったじゃないすか……」

アーサーは声を強張らせた。ざっと400名。名だたるIT企業の本部長クラスの人の姿も見える。もともとは、アリア機械が所属する機械装置産業だけの小さな勉強会を予定していたそうだが、新聞社の提案で今年は他業界にも門戸を広げることになったとか。会場もアリア機械の大会議室から、東京国際フォーラムのホールに変更。舞子は、広報チームの説明をそのまま言葉にする。

「まあまあ、こんなにたくさんの人がアーサーさんの話を聞きにきてくれるなんて、幸せじゃないっすか」

先輩の緊張をほぐそうとするすけさん。しかし、呪文は利かなかったようだ。アーサーの表情はますます堅くなる。その姿を、楽しそうにパシャパシャ撮影するアキナ。

「なーに？　照れるなんてあなたらしくないわよ」

舞子は後押しの一言を投げかけた。

定刻になった。会場の明りが落とされ、司会者が壇上に立つ。会の趣旨の説明、本日のプログラム、機械装置産業・情報システム部会会長の挨拶と、お決まりの式次第が進む。

その紋切り型の言葉を聞きながら、舞子はメンバー3人の姿に思いを馳せる。

すけさん。相変わらずのんびり屋なところがあるけれど、業務側の言い分と、システムサイドの言い分を冷静に整理して、「できること」「できないこと」をスパっと仕切ってくれる。今では、本当に頼もしい存在だ。

アキナの成長も目覚しい。一宮の一件もそうだだが、持ち前のウェブデザイン能力を生かして、購買システムの使い方や業務そのものの内容をいかにわかりやすくユーザーに伝えるか？　自分なりにこだわってトライ&エラーをしている。おかげで、購買システムのウェブサイトはとても見やすく、マニュアルも読みやすくなったと好評だ。噂を聞きつけた他部署やグループ会社から「ウチのサイトもやってくれ」と、ラブコールを断るのが大変なくらいだ。


ようやく、会長の講和が終わった。

拍手が響き渡る合間、舞子は今朝バッグにしまった封筒の中身をちらっと見る。

『課長昇格試験 最終面接のご案内　人事部』

会社からのレベルアップ予告。舞子は、頭紙のタイトルだけを確認し再び封筒ごとバッグの奥に戻した。

さて、いよいよプリンスの出番だ。本日の基調事例発表と銘打たれ、講演タイトルとアリア機械の名前、続いて舞子のチームの名前が司会者に読み上げられる。黒いスーツとエンジのネクタイをまとったアーサー。颯爽と登場と思いきや……。

──あかん、ガチガチに緊張している……。

ゼンマイ式のブリキのロボットさながらのギクシャクぶり。壇を通り過ぎそうになり、慌てて戻る。

「そ、そ、それでは……私たちの、購買シス、シシュテムの運用管理について、お話します」

のっけから噛みまくり。袖に控える司会者も不安そうな表情で見つめている。

そのときだった。

「先輩、ドンマイ、ドンマイ！　ガンガン行こうぜ！」

野太い声が、舞子の頭上を追い越した。すけさんの、まさかの会心の一撃。会場はどっと笑いの渦に包まれる。

「おぅ、すけさん！　ありがとよ！」

和やかなムードで再開。いつものアーサーに戻った。深呼吸をしてプレゼンを始める。

「舞子さん、私ね……」

アーサーの業務説明が一通り終わったころ、アキナはひそひそ声で舞子に話しかけた。

「私、情報システム部に配属されたとき。実は、ものすごく嫌だったんです」

顔は正面の先輩を見つめたまま、アキナは本音を語る。スクリーンには、スライドが次から次に流れる。その1ページ、1ページに、舞子たち4人が歩んできた歴史が刻まれている。

「特に、購買システム運用チームって言われてモチベーションは最悪でした。開発みたいに目立たないし、正直、何やっているかわからなかったし……」

転職しようと思ったこともあるんですよ。アキナは付け加えた。それは舞子もよく知っている。例の転職騒動は、忘れたくても忘れられない。

「でも、私、すごく成長させてもらったなって思っています。思ったよりたくさんの経験ができているし。舞子さんいきなり倒れちゃったりとか、まさかのサプライズもたまにあるけど」

それを言われると何も言い返せない。と思うと同時に、壇上のアーサーもスライドのページめくりをとちった。

「ここには自分を信じてくれる上司や先輩がいる。だから、私は成長できるんだ。そう思って、感謝しています」

暗がりの中、間もなく新入社員を終えようとしている瞳が、舞子の頬を柔らかく照らした。

さあ、アーサーのプレゼンもいよいよクライマックスだ。

「私たち購買システム運用チームは、この一年を通じて大きく成長しました。今日この場で、こうしてノウハウをお話できるのがなによりの証拠です」

いったい、いつの間に、そんな決め台詞を考えていたのだろう？　台本にないメッセージに、舞子とアキナは顔を見合わせる。その様子に気付いたアーサー、斜め上からちらと目線を送り、再び姿勢を正す。

「私は、システム運用は個人と組織を成長させる素晴らしい業務だと確信しています。これからも、その価値や醍醐味を自分の言葉で伝え、1人でも多くの人に運用を経験してほしい。そう思います！」

その瞬間、メンバーの心がひとつになった。そして、会場が一体となった。間もなく、壇上の勇者は大きな拍手に包まれた。

そこには、少し先の未来の舞子たちの背中が、そして購買システム運用チームの未来が見えていた。

＊＊＊

そして新年度になった。

今年の桜は例年以上に気が早く、4月を迎えるころには花はすべからく土に還ってしまっていた。舞子率いる新生購買システム運用チームは人員増強。ナジミ倉庫の堀口が、出向で新たに仲間に加わった。今年度からいよいよ本格化する、グループ会社の購買システム導入拡大と運用統合を見据えた体制だ。今日は、その記念すべき初日。


「す、すみません！　寝坊しました！　マジ、すみません！」

滑り込みセーフ、いやアウト。アーサーは、年度初めの緊張感をだらしなく崩す。

「ちょっと、アーサー。初日から遅刻ってどういうこと⁉　堀口さんに謝りなさい。課長代理なんだから、自覚を持って……」

初対面の堀口に、ペコペコ頭を下げるアーサー。その様子を、メンバーは温かく見守る。


いつもの怒号が響き渡る、いつもの景色。それでも、チームもメンバーも着実にレベルアップし続けている。課長・舞子の新たな冒険の旅は、まだ始まったばかりだ。

おわりに

誰しも、子どものころの「原体験《ストーリー》」を持っていることでしょう。

ある人は、少年野球チームの体験だったり。

ある人は、裏山に秘密基地を作って遊んだ体験だったり。

ある人は、お人形遊びやおままごとをした体験だったり。

またある人は、ラジコンやプラモデルに没頭した体験だったり。

あるいは、苦労した受験のエピソードであったり。生徒会長を務めた経験だったり。

子どものころの何気ない体験が、大人になった自分のプライベートな悩みを解決してくれた。仕事で迷ったときの判断の拠り所になっている。この本を手に取られている皆さんも、そんな経験があるのではないでしょうか。

私の場合、ドラクエが自分の原体験のひとつでした。

小学校6年生の冬。流行に流されてなんとなく買ったドラクエⅢ。もちろん、当時は学びを得ようと思ってプレイしたわけではありません。楽しさに身を任せ、夢中になって遊びました。

そのドラクエの原体験が、時を経ること21年、社会人になった私の目の前にすっと現れて助けてくれたのです。

2009年冬。そのころ、IT企業に勤務していた私は、いわゆる「炎上プロジェクト」のさなかで途方に暮れていました。新たに立ち上げた情報システム。想定外のトラブルやクレームが頻発する日々。叩いても、叩いてもキリがない。まさに、主人公舞子と同じ……いや、もっと酷い状況でした。まさに暗中模索。出口が見えず、疲労困憊するメンバー。そんなある夜、寝不足の私の頭に、突然、ドラクエのコマンド選択画面がポップアップしたのです。

「たたかう」「にげる」「ぼうぎょ」「じゅもん」「どうぐ」

そうか、すべての問題と闘おうとするからいけないんだ。逃げたり、身を守ったりしてもいいんだ！　呪文や道具を使ったっていいじゃない！
その瞬間、視界がパーッと広がりました。私が率先して「にげる」「ぼうぎょ」「じゅもん」「どうぐ」を示し、ひたすら「たたかう」ムードを壊しました。そこから徐々に現場の景色が変わり、安定運用に向かっていったのを今でも鮮やかに覚えています。その体験をもとに、今回のストーリーを紡ぎました。

私はエンターテインメントはソリューションだと考えています。
世の中の問題解決を助けるソリューション。ドラクエは私たちにそれを教えてくれています。楽しさに素直に、自由な心で問題や課題に向き合ってクリアすることができたらこんな幸せなことはありません。人は楽しいことが好きな生き物。ビジネスの世界であっても、どうせ人生の時間を費やすなら楽しいほうがいい。本書をきっかけに、読者の皆さんが過去に素直に、自分の楽しい原体験を武器に職場を楽しく変えていってくれたら嬉しいです。宝箱は、あなたの楽しい思い出の中で開けてもらえるのを待っていますよ。

本書の刊行にあたり、多くの方にお力添えいただきました。中でも、2人の恩人に最大の感謝を申し上げたく思います。

1人は、版元シーアンドアール研究所の部長 吉成さん。

ITpro(現 日経 xTECH)での連載がすでに終了していたこの作品を見つけてくださり、「当社で続きを書いて書籍化しませんか?」とお声がけいただきました。実は連載は当初の計画より早く終了。舞子たちの旅は終わっていなかったのです。今回の書籍化を期に、ものがたりを完結させることができました。最後まで冒険の旅を続けさせてくださったこと、心より感謝いたします。

もう1人の恩人は、湊川あいさんです。

「わかばちゃんと学ぶ」シリーズが大人気の湊川さんは、ウェブデザイナーであり、エンジニアであり、漫画家さんです。私の想いとドラクエの世界観に共感いただき、登場人物《キャラクター》に魂を吹き込んでくださいました。面白いもので、自分のキャラクターに魂が込められると、ストーリーを書く著者にもますます魂がこもる。この執筆を通じ、そんな相乗効果を体感しました。彼女と出会うことができなかったら、この作品は日の目を見なかったでしょう。

良い仲間と出会えるかどうか？　これは私たちの人生の質を大きく左右します。そして、良い仕事は、良き仲間とパーティーを組めるかどうかで決まるといっても過言ではありません。私は2人のお蔭で、この作品を支えてくださった皆さんのおかげで楽しくお仕事できました。

この冒険の書を紐解いてくださった読者の皆さんが、良き仲間と、良きパーティーを組み、最高のお仕事と出会えることを願って！

Have a good journey!

２０１８年夏　亀山ダム脇の広場にて

沢渡　あまね

■著者紹介

沢渡《さわたり》　あまね

1975年生まれ。あまねキャリア工房　代表。

業務改善・オフィスコミュニケーション改善士。

日産自動車、NTTデータなどを経て2014年秋より現業。

ITサービスマネジメントや業務プロセス改善の講演・執筆・業務支援などを行っている。NTTデータでは、ITサービスマネージャとして社内外のサービスデスクやヘルプデスクの立ち上げ・運用・改善やビジネスプロセスアウトソーシングも手がける。#インフラ勉強会 で登壇。趣味はダムめぐり。

■主な著書
『新人ガール　ITIL使って業務プロセス改善します!』(C&R研究所)
『新入社員と学ぶ オフィスの情報セキュリティ入門』(C&R研究所)
『職場の問題地図』(技術評論社)
『システムの問題地図』(技術評論社)
『職場の問題かるた』(技術評論社)
『チームの生産性をあげる。』(ダイヤモンド社)

■主な連載
『運用☆ちゃん』(リクナビNEXTジャーナル)
『IT職場あるある』(日経 xTECH)

■あまねキャリア工房
http://amane-career.com/

■Twitter
@amane_sawatari

■E-mail
info@amane-career.com

編集担当：吉成明久　　カバーデザイン：秋田勘助(オフィス・エドモント)
イラスト：湊川あい

ドラクエに学ぶ チームマネジメント

2018年10月1日　初版発行

著　者　沢渡あまね
発行者　池田武人
発行所　株式会社　シーアンドアール研究所
新潟県新潟市北区西名目所4083-6(〒950-3122)
電話　025-259-4293　FAX　025-258-2801
印刷所　株式会社　ルナテック

ISBN978-4-86354-255-6　C0034